窗外有阳光

北京市东城区阳光社区矫正服务中心／组织编写

知识产权出版社
全国百佳图书出版单位

图书在版编目（CIP）数据

窗外有阳光 / 北京市东城区阳光社区矫正服务中心组编.—北京：知识产权出版社，2014.8

ISBN 978-7-5130-2871-4

Ⅰ.①窗…　Ⅱ.①北…　Ⅲ.①社区—未成年人犯罪—监督改造—概况—东城区　Ⅳ.①D926.7

中国版本图书馆CIP数据核字（2014）第171655号

内容提要

本书由北京市东城区阳光社区矫正服务中心组织编写，介绍了二十个未成年人的犯罪案例，并从心理学视角深度剖析犯罪行为背后的个人、家庭、社会原因。每个故事深入浅出，由案情回放、成长经历、分析解读、调查员寄语和心理贴示五部分组成，呈现了青少年社区矫正工作的调查过程、思考和建议。呼吁全社会共同关注未成年人的身心健康。

责任编辑：周　游　　**责任出版**：刘译文

窗外有阳光

CHUANGWAI YOU YANGGUANG

北京市东城区阳光社区矫正服务中心　组织编写

出版发行：	知识产权出版社有限责任公司	网　　址：	http：//www.ipph.cn
电　　话：	010－82004826		http：//www.laichushu.com
社　　址：	北京市海淀区马甸南村1号	邮　　编：	100088
责编电话：	010－82000860转8532	责编邮箱：	zhouyou-1023@163.com
发行电话：	010－82000860转8101 / 8029	发行传真：	010－82000893 / 82003279
印　　刷：	北京科信印刷有限公司	经　　销：	各大网上书店、新华书店及相关专业书店
开　　本：	710mm×1000mm　1/16	印　　张：	11
版　　次：	2014年9月第1版	印　　次：	2014年9月第1次印刷
字　　数：	155千字	定　　价：	33.00元

ISBN 978-7-5130-2871-4

《窗外有阳光》
编写委员会

顾　问：李利平　王佩茹　董永革　于家明
　　　　佟永英　郑馨智　李　炎　姬广胜

主　编：谢　京　邢红枚
副主编：蔡　敬　周子军　钟　洁

撰稿人：（以姓氏笔画为序）
　　　　程燕予　甘　劼　贺　昕　李京照
　　　　李敬华　李　严　林江春　马　蕊
　　　　平　扬　汪艳侠　吴昌品　徐　茹
　　　　杨　帆

序

2010年，我作为一名基层法院少年法庭的庭长，开始尝试在我庭办理的未成年人刑事案件中开展对未成年被告人的社会调查工作。也就是从那时起，我们开始与心理咨询师，也是我们的社会调查员谢京所率领的团队合作。后来我到检察院系统从事未成年人案件的检察工作，这支团队又开始与检察机关未成年人案件检察部门合作。

三年后，最新的《中华人民共和国的刑事诉讼法》颁布实施，将社会调查这一广大少年司法工作者实践的成果以法律的形式加以固化。

社会调查，对未成年人案件办理及涉罪未成年人的教育、挽救具有举足轻重的作用。由于未成年人心智尚未成熟，在其成长道路上，国家、社会和家庭肩负着更多的责任，在这其中，又以国家为首。“国家亲权”是世界各国公认的儿童保护基本准则，所以，国外有“国家是儿童的最高监护人”之说。通过办理一件件案件，我们看到的是因教育失误、监护失责导致的家庭悲剧；感受到的是因管理不力、忽视大意、道德伦理、腐败、浮躁、追求奢华等不良风气引诱导致的未成年人犯罪现象的有增无减……社会调查帮助我们通过案件办理发现引发未成年人犯罪更深层次的原因，从而做到有效预防和特殊矫治。

现实的问题是，如何将法律的规定付诸实践？探索和行动是少年司法得以生存和发展的法宝。我们看到，虽然我国《刑事诉讼法》规定了社会调查制度，但与其配套的政府和社会支持体系还没有完全建立起来。北京市东城区阳光社区矫正服务中心率先开展了心理咨询师担任社会调查员的有益尝试，得到了北京市法律援助与研究中心佟丽华主任的经费支持，也取得了一定的成效。在我看来，心理咨询师担任社会调查员至少有以下几点优势：一是做到了社会调查与心理咨询业务的有效结合，心理咨询师在进行社会调查的同时，对涉罪未成年人的家庭状况、成长经历、性格特点有了初步的调查和了解，便于之后的跟踪帮教，心理咨询师的专业技能决定其更有方法与未成年人沟通和交流，减少涉罪未成年人及其监护人对社会调查员的排斥心理。二是少年司法与心理咨询专业的优势互补，社会调查为少年司法提供了办案的重要参考和有力助手，为从事心理咨询领域的专业人士提供了更加广阔的发展空间，丰富了心理咨询专业的内涵。三是这一探索和实践为全国社会调查和心理咨询工作积累了宝贵的经验。

少年司法是司法领域里的朝阳行业，是改革的实验田。愿一个更加完善的少年司法制度及与之配套的工作机制在我国早日建立！愿谢老师及其团队在这片广阔田野里的辛勤耕耘，结出丰硕的成果！

是的，窗外有阳光，窗外充满阳光！

岳慧青

北京市人民检察院未成年人案件检察处

前 言

“你怎么这么不争气呀……你将来考不上大学怎么办？妈妈对你十分失望!”

“家里经济条件虽然不好，但我们尽量满足他，别的孩子有的，他一般也会有的，没想到他会觉得我们不关心他……”

“我长大了，想自己解决问题，和家长、老师说也没有用，而且还丢面子……”

“我和他争执是为了公司利益……看到他流血了，我感到很害怕，现在想想，如果换个方式就好了。”

“这学生挺懂事的，和同学、老师关系不错，平时挺胆小，没想到他还会去打架……”

这是我们在未成年人社会调查中听到的孩子、父母和老师的话语，听着这样的描述，看到孩子们犯下的错误，我们一直在思考究竟哪里出了问题。

近年，我国司法改革对未成年人违法行为的审判在人权保护方面进行了积极的探索。2009年7月开始，北京市东城区阳光社区矫正服务中心与北京市东城区法院着手开展涉少刑事案件的社会调查工作；2012年8月矫正服务中心与东城区检察院合作把未成年人审前社会调查前延至逮捕、起诉阶段；2013年6月中心与东城区团委签订协议，将社会调查进一步推进到公安预审阶段，最大限度地保护未成年人的合法权益。北京市东城区阳光社区矫正服务中心率先推出由专业心理咨询师担任社会调查员并参与诉讼的举措，创建了具有东城特色的社会调查模式。

时光荏苒，五年来，十六名调查员在对未成年人社会调查的道路上不断探索着、实践着。与数百名处于青春期孩子们谈话，访谈他们的父母和老师，目睹他们的生长环境，每每执笔调查报告，孩子们触犯法律行为背后的东西就深深地震撼着调查员们，触发大家思考，这也是促成本书的动机，希望更多人认识到怎样的关心才能促进孩子们的健康成长。

本书二十个真实故事选自数百个具有代表性和普遍性的案例。故事的主角都是十四周岁至十七周岁的青少年，因涉嫌盗窃、抢劫、故意伤害、寻衅滋事等行为被司法机关采取强制措施。曾经的市三好学生、年仅十四岁的小凡因为持械抢劫出租车司机40元钱被送上少年法庭。单亲家庭长大的十七岁少年何伟，为了“不被别人欺负，也不能看到朋友受欺负”，用错误方式“保护”着自己和同伴，等待他的是法律审判。“我真的是抱来的吗？我不是爸爸、妈妈亲生的？”对身份认同充满困惑与迷茫的张继祖，尽管父母给予了“特别好”的关爱，仍无法释然，在漂泊的旅途中失去了方向。面对花季般年龄的孩子们在青春期自我成长中遇到的挫折，调查员从青少年心理发展的专业视角，解读着他们的压抑、愤怒、恐惧、内疚、孤独和迷惘，以无条件之爱感受他们，努力发现问题行为背后的心理动因。

青春期是人生发展的第二关键期，每个孩子开始拥有“个人寓言”。有的孩子会经历“疾风暴雨”式的过程，充满挑战，需要智慧应对。在当今多彩世界中，孩子们不仅需要物质上的满足，更需要家人的倾听，老师的耐心，社会的关爱，需要有人真正读懂他们，感受他们的感受。

书中的每个故事由案情回放、成长经历、分析解读、调查员寄语和心理贴士五个部分组成，呈现了调查工作的过程、思考和建议。希望和大家分享青少年成长道路上的心路历程，帮助青少年树立良好自尊，促进自我同一性的建立。

本书献给家庭、学校和社会，让我们共同关注孩子们的身心健康，使这一粒粒种子在适合的土壤和匹配的耕作方式中成熟饱满。

本书更要献给青春期的孩子们，学会在逆境中成长，挫折中前行，终会绽放盛开。

致谢北京市东城区司法局、北京市东城区法院、北京市东城区检察院、北京市东城区团委，你们的大力支持使社会调查工作充满意义。

致谢社会调查员，你们的志愿奉献、勇于探索的精神和坦率、真诚的沟通技巧使社会调查工作得以顺利展开。

致谢本书的出版者，你们严谨地编辑加工和精心地设计为本书出版付出了辛勤劳动。

由于社会调查工作经验不足，编写时间仓促，本书不可避免地存在瑕疵，期待同行和读者朋友们指正。

目 录

妈妈，请接纳我

自我接纳度和自我价值感是衡量一个人心理健康程度的重要指标，而建构好的自我价值感来自于自小和父母的互动，孩子往往在父母眼中看到自己，从父母对自己的评价中衡量自己。如果一个孩子从小到大受到的都是挑剔和否定，他就很难拥有自我价值感。而家长也要全面地看待自己的孩子，避免因为孩子某一方面有问题就全盘否定孩子。

案情回放

2013年5月的一天下午，一所小学门口，刚刚放学，孩子们陆陆续续地从学校里走出来。其中两个四年级的小男孩，从学校出来，说笑打闹着朝家的方向走，在十字路口处刚一拐弯，就被两个高中生模样的大男生拦住了去路。“小弟弟，过来我们聊聊。”两个小男孩不敢喊也不敢跑，乖乖地跟着两个大男生走了几步，在路边餐馆旁的胡同口站住。胡同口还站着三个大男生，五个人站成一圈儿，把两个小男孩围在中间，其中个头最高的一个大男生说：“两个小弟弟，有手机吗？掏出来，借我们玩儿两天。”“快掏，别磨蹭！”其他四个人跟着说，两个小男孩吓得赶紧把各自的手机掏出来递给他们。个头最高的那个拿过手机看了看，“呦呵，小屁孩儿手机还不错，走吧。”两个小男孩赶紧一溜烟儿跑了。

这时一个长得挺憨头憨脑的男生对个头最高的男生说："老大，把手机给子达吧，他都丢俩手机了，回家没法跟他妈妈交代。"一个瘦小的男生也接着说："老大，先给我吧！""着什么急呀，我先把手机卖了，看能卖多少钱，给你们钱，再买个和原来一模一样的。"老大这么一说，两人也没再吱声。这个憨头憨脑的男生叫赵博宇（化名），瘦小的男生叫田子达（化名），两个人是北京某职业学校高二的同班同学。他们称呼为"老大"的人以前和他们一个学校，现在已经毕业，没有正式工作，整日游手好闲，另外两人也在这所学校读高二，与"老大"是朋友。晚上，几个人分手前，赵博宇还在安慰田子达："别担心，等老大卖了手机咱就有钱买新的了，你妈要问你手机的事儿，你就说让我拿着玩儿两天，过两天就给你。老大要是给的钱不够，改天我再帮你'切'一个。"赵博宇没有想到的是，老大卖了手机只给他们买了点儿吃的，没给他们分钱，而他也没有机会再给田子达"切"手机了，等待他们的是冰冷的手铐。"老大"东窗事发，涉嫌多起学校抢劫案，被东城分局羁押，赵博宇和田子达作为其中一起案件的同案犯也被抓获。

成长经历

作为赵博宇的社会调查员，我们在看守所和博宇访谈后，也到他家中和他的爸爸、妈妈进行了访谈，我们还是来看一看赵博宇的成长经历吧。

十七年前，博宇出生在北京。妈妈性格直爽泼辣，在一家旅行社做导游，爸爸沉稳上进，也毕业于博宇现在的这所职高，现在是一家大酒店的厨师长，家中经济宽裕。父母是中学同学，感情融洽。博宇出生后，妈妈就辞去了工作，全职在家照看他，一直到他三岁上幼儿园。博宇四岁时，为了让他接受更好的早期教育，父母把他转入到一所寄宿制幼儿园，周一至周五在幼儿园寄宿，周五晚上接回家。到了上小学的年龄，父母又为他选择了一所好学校，只是离家很远，博宇又度过了六年周一至周五在学校寄宿的生活。升入初中后，妈妈再次放弃自己的工作，全职负责每天接送他，照顾他的生活起居，直到他三年后升入职高。

博宇从小到大，妈妈一直对他在学习上的期望值很高，希望他能考上一所好大学，将来有前途，有发展，不要像他爸爸那样。和很多独生子女家庭一样，妈妈在生活上对博宇大包大揽，洗衣、做饭、开车接送，甚至上初中了还帮他剪指甲，但在学习上对他要求非常严格，如果老师让背书，晚上十一二点也必须背，背过才可以睡觉。从小学到初一，博宇的学习成绩在班里一直是中等水平，全班三十个同学，排在十四五名，初二时下滑到二十多名。妈妈对他的成绩很不满意，没有和他商量就给他请了家教，从此，博宇的周末被各科家教安排得满满的，基本没有了休息时间，学习成绩却一直没有起色，妈妈恨铁不成钢，对他越来越失望，经常唠叨“你怎么这么不争气呀”“大学生都找不到工作，你考不上大学以后可怎么办”。初三毕业时，因成绩不佳，博宇进入一所职业高中。

博宇认为，妈妈只关注学习，其他都不关心。有时他想和妈妈天南海北地聊一聊，妈妈不但不愿意听，甚至会打断他，告诉他跟学习无关的话题免谈。博宇妈妈非常看不起职高生，觉得那些孩子成绩不好，品质也好不到哪儿去，将来都没有出息。有一次博宇带同学回家玩儿，在楼下给妈妈打电话，妈妈不允许他的同学上楼，并且要求他以后不要把同学往家里带，态度非常坚决，没有商量的余地，妈妈的话语和行为让博宇感到自己的自尊心受到了极大的伤害。而妈妈认为，博宇进入职高太给她丢脸了，自己姐妹的孩子上的全是北京市重点高中，成绩都很好，她觉得自己在姐妹中抬不起头来，万分失望之余，她不止一次地对博宇说：“妈妈对你十分失望！”几年来，妈妈的失望和不满也让博宇内心备受压抑，感觉妈妈看不起他，也看不起他的朋友，在心理上越来越抵触妈妈，疏远妈妈，有什么话也不愿再和妈妈说了。

和妈妈不同，在爸爸眼里，博宇是个善良、憨厚、诚实、热情的孩子，爸爸也能够接受博宇学习成绩不好，上职高的现实，看到妻子因为孩子的成绩揪心，会经常和妻子说，成绩并不决定一切，儿子的成绩就是这样了，应该接受这个事实。虽然爸爸在酒店工作，作息时间比较特殊，再加上厨师长工作繁忙，每天晚上十点多才下班回家，但只要博宇还没睡觉，就会和他聊聊天，主动问问他有什么事儿。博宇也喜欢和爸爸聊天，跟爸爸说说心里话，遇到事情时，也基本照着爸爸说的话去做。在生活中，爸爸不溺爱博宇，犯了错误会批评他，给他讲道理，除了小时候偶尔打打屁股外，长大后爸爸基本没有动手打过他。初中二年级以后，博宇对妈妈有较强的逆反心理，经常会跟爸爸诉苦，觉得妈妈对他学习要求太高，学习压力很大，内心很郁闷。妈妈也经常跟爸爸诉苦，觉得博宇学习不努力，对儿子又失望又担心。虽然爸爸对博宇的学习成绩没有过高要求，但还是会站在妈妈一边，经常给他讲道理，希望他能努力学习，体会妈妈的苦心。

博宇告诉我们，他喜欢绘画、唱歌和写作，在绘画方面还有小小的天赋。小学时在学校学过两年素描、速写，后来学习忙了就中断了画画，但是只要他闲下来，就会画，画人物，画漫画，画故事，家里有一面墙贴的都是他的画。父母知道博宇喜欢画画，但一直没有重视，觉得先读完书找一份稳定的工作是最重要的，画画前途比较渺茫。初二时博宇学习成绩下降，父母开始为他考虑其他出路时，给他报了动漫班学习画画，即使喜欢画画，老师布置的作业他也是想画就画，不想画就不画。虽然他很想考本校高中部美术专业，但因为抵触学习文化课，成绩一直提高不上去，最后还是上了职业高中。职高也有动漫专业，可是父母还是为他选择了航空公司定向培养、将来可以升入大专继续学习深造的航空管理专业。由于博宇根本不喜欢这个专业，经常上课睡觉，不交课堂笔记，被老师催得紧了就集中补抄笔记，有时找别人替自己抄，成绩也一直较差。职高期间，博宇认识了一个朋友的哥哥，开纹身店，他经常去店里玩儿，喜欢上了画纹身图案手稿，特别是画鬼的图案，一排脑袋的鬼，或带着鬼面具类似佛像的图案。

博宇现在的班主任李老师认为，博宇聪明、善良、团结同学、人缘好，但学习不用功，而且心理年龄小、单纯、幼稚，是个傻傻的、简单的孩子。博宇的小学老师曾告诉过家长，博宇说出来的话、做出来的事像很小的小孩，和年龄很不相符，初中的老师也说过他行为处事像小学生。不同阶段的老师向父母反映过相同的问题，但父母认为博宇没有违反校纪、校规，没有影响过学校和其他同学，就没当成问题去认真思考。

职高一年级时，一次放学后，博宇在校门口等公交车，本校高二的几个学生和一个高三的学生打架，本和他没什么关系，但他认识其中一个高二的学生，就上去踹了被打的高三学生一脚，为此被学校处以留校察看处分。事后老师问他为什么要上去踹一脚，他说不知道为什么，就是觉得心情很烦闷，总被妈妈唠叨，被老师批评，有点控制不了自己的情绪。对于这次涉案，博宇就是想为同学田子达“弄”一部手机，因为田子达连续丢了两部手机，没法跟家里人交代。

分析解读

通过对博宇本人及其父母的观察、访谈可以清晰地看到，母亲要求孩子的方式对孩子心理发展的影响是巨大的。

首先，每个孩子都期望得到父母的认同，父母是否接纳孩子，直接影响孩子的自我认知。每个妈妈都希望孩子学习成绩好，但在博宇妈妈看来，孩子只有成绩好将来才有好的发展，这样的观点过于偏激。学习成绩并不是衡量一个孩子能力的唯一指标，每个孩子都会有自己的长处和短处，学习能力也有所不同，学习成绩反映的只是一个人接受知识的能力，除此之外，孩子还需要发展很多其他重要的心理能力，如对自己的看法和态度，为自己负责的能力，理解别人的能力，调节自己情绪的能力，人际交往的能力等，也就是说孩子需要逐步完成心理的成长。而博宇妈妈除了照顾孩子生活外，和孩子的所有交流只限于“学习”这两个字，和学习无关的事基本免谈。对于博宇初中成绩下滑后来进入职高的事情，妈妈内心并不愿接受，孩子带同学回家玩，都不被允许上楼，因为“职高的孩子学习不好，就不是好孩子”，甚至毫不掩饰地反复对孩子表示“我对你很失望”，对于一个正处于青春期的孩子来说，妈妈这样极端的消极评价可能会被他内化到内心深处，让他偏执地以为只有分数高的才是好孩子，分数低就是坏孩子，自己是不被妈妈喜爱和接纳的，因此，内心深处对自己也是极为失望和不满的。这种糟糕的自我认知也会带来相应的情绪和行为问题，比如说情绪的失控，职高一年级时对打架的莫名参与。再比如说，发现自己始终达不到妈妈的期望值，内心抵抗不住压力时，干脆放弃学业，上课睡觉，不记笔记，不做作业，采取退缩的方式处理问题。

其次，孩子的情感需求得不到满足，就会寻找其他途径。妈妈“学习决定一切”的思维方式使她面对成绩不好的博宇时，产生了失望、不满、焦虑、担心等大量负面情绪，在情绪的左右下，与博宇在互动中无法做到静下心来倾听孩子，去感知孩子内心真正的需求和想法，因此，孩子从妈妈那里感觉不到自己被鼓励、被表扬、被尊重、被喜欢，同时还承受着妈妈对自己的不满意和失望。虽然有时可以向爸爸倾诉，但是爸爸又是过于理性的，讲道理的方式无助于孩子的情绪宣泄，博宇只能一次又一次地将情绪压在心底，学习上的压力、内心的痛苦不能被父母很好地理解。从他喜欢画的纹身图案上，也能看出情绪压抑的端倪，一排脑袋的鬼，或是带着鬼面具的“佛像”，这些在纹身图案里被称为“般若”，与佛教的“般若”不是一个意思，它是日本传说中的一种鬼怪，是女鬼的面部，表示的是“愤怒的相”，博宇通过一张张“愤怒的相”表达着内心深处积压已久的、深深的愤怒、怨恨、沮丧、失望和无力。

情绪的压抑，父母的不理解，也必然导致孩子与父母在情感上的疏离，孩子会从老师、朋友或其他人那里去寻求情感上的满足。博宇通过同学认识了一个校外已经工作的“姐姐”，把她认作自己的干姐姐。在他的心目中，“姐姐”关心他，理解他，能听懂他心里的苦闷。可以看出，这个“姐姐”满足了博宇渴望被理解的情感需求，一定程度上弥补了母亲在这方面的缺失。

这次涉案，博宇的目的就是帮助子达“切”一部手机，但据班主任讲，博宇和子达并不是形影不离的好友，子达的好朋友都在隔壁班。那么博宇为什么要付出这么大的代价去“帮助”子达呢？博宇和子达在班级里的地位相似，两人的共同点是都极不成熟，也都不太为自己的学业负责，整天混日子。别的同学也不把他们当成同龄人。博宇觉得，子达很善良，对人也特别好，可别人都不把他当回事。内心里觉得子达就像过去的自己，他在心里把子达当成弟弟，觉得子达的事儿就是他的事儿，他愿意为他去“切”一部手机。可以看出，一方面，青春期的孩子为了显示“自己的力量”，会采用一些极不成熟、不理智的行为处理问题；另一方面，博宇在内心里把子达投射为自己，非常可怜这个失去手机没法向妈妈交代的“自己”，不能容忍“自己”受委屈，一定要帮助这个“自己”。

再次，三年寄宿幼儿园和六年寄宿小学的童年经历，也在一定程度上阻碍了博宇的心理发育。幼儿期是孩子和父母建立亲密关系的重要时期，博宇从三岁开始，与父母的分离时间长达九年，虽然父母每周末都把他接回家，周末带他出去玩，但五岁前的孩子未建立理性思维，不能理解父母为了让他接受更好的教育而把他送到寄宿制学校，更多地感受到的是与父母长时间的分离带来的被抛弃感和不安全感，博宇读初中时不再住校，但妈妈在生活上大包大揽，像照顾小孩子一样照顾他，也很不利于他的心理成长，反而加重了心理上对妈妈的依赖，使其心理发育水平滞后。所以，各个阶段的老师都反映，博宇的心理年龄偏小，行为举止幼稚。

总的来说，博宇这次涉案，究其原因有两个方面：一方面，博宇的心理发育滞后，心理年龄偏小。幼年期与父母较长时间的分离，使他内心安全感建构得较差，有很强的分离焦虑，缺乏安全感通常会影响孩子的心理发展，严重时甚至完全阻滞孩子的心理发展；另一方面，母亲对博宇的长期的失望，已经严重影响了他对自己的认知，连最亲的妈妈都对自己失望了，对于心理本就偏幼稚的博宇来说，他更无法发展良好的自我认知，缺乏自信和自尊，无法完成青春期的一个重要的任务——在心理上与父母逐渐完成分离，分化成一个成熟的自我。这些潜在的心理问题都为他的触法行为埋下了伏笔。

调查员寄语

博宇，你好。我知道这些天你一定经历了很多，也思考了很多。我见到了你的父母和老师，他们告诉我，无论在家里还是在学校，你都是个善良、憨厚、热情、乐于助人的好孩子。他们还告诉我，你喜欢画画、唱歌、写作，家里整整一面墙，都贴满了你画的画儿，妈妈很骄傲地说，你在绘画上很有天赋，没有受过多长时间的专业训练，全靠自己一点点画出来。妈妈说着说着就哭了，她说非常后悔自己的一些做法，这些年来对你在学习上的要求太高了，给你施加了太多心理压力，说了很多伤害你自尊心的话，也不该拒绝接受你的朋友，她在心里是如此爱你，却没有发现原来自己所做的一切已经深深地伤害了你。自从你出事，她每天都在看教育方面的书，反思和你在一起时自己存在的问题和所犯的错误，等你回家时，她希望让你看到一个不同的妈妈：一个尊重你的想法、不挑剔、不苛刻的妈妈；一个愿意听你讲心事、分担你的忧愁的妈妈；一个你成功为你喝彩，你失败给你鼓励，陪你渡过难关的妈妈。妈妈让我转告你，不要担心、害怕，不要对自己失望、自责，她和爸爸等你回家。

博宇，我知道你是一个重感情的孩子，对朋友很关心，当朋友需要时，会尽自己最大的努力帮助朋友。那你想过什么是真正的朋友吗？我觉得真正的朋友，是你遇到困难时，他总能够和你一起担当的人；真正的朋友是你最痛苦的时候，给你一个温暖怀抱的人；真正的朋友是一个有一颗善良博爱的心，不以善小而不为，不以恶小而为之的人；真正的朋友是一个对朋友的缺点、错误敢于批评指正、抵制的人。你怎样认为呢？祝福真诚善良的你，能够结识到真正的朋友，也能成为别人真正的朋友。

心理贴士

自我价值感是一个人认为自己有价值的程度，或者说一个人喜欢自己的程度。当一个人认为自己是有价值的，他就会喜欢自己，尊重自己，从而对自己的行为负责，于是产生努力上进的想法和动力。而当一个人缺乏自我价值感，他会认为自己的生命无意义，会厌倦生活，会瞧不起自己，导致破罐破摔、不负责任的行为。

孩子的自我价值感奠基于生命的早期，主要来自照顾者的反应。孩子必须从抚育者眼中看到自己的珍贵和独特，才能感受到自己的价值。孩子的自我信念来自于抚育者的眼睛，并且在成长过程中逐渐建立起来。因此，自我价值感不完全来自于外在的成功，比如分数的高低，考上什么样的学校，获得何种奖励，而是来自于父母无条件的接纳，这种无条件的接纳是“无论我表现怎样，成功还是失败，他们都爱我，我都是有价值的”，树立了这样的观念的孩子，他的精神世界的基石是稳固的，当他碰到困难和挫折时，就有勇气去应对和接受，通常不会产生心理问题。

然而，现实中的很多父母不能做到这一点。每个孩子来到这个世界上，就一定是有他的价值的，我们的社会文化有时是狭隘的，在这样的文化背景下，很多父母只认为成绩好、考上名牌大学的孩子才是有出息的，才是有价值的，其实社会需要各种人的存在，一个成熟的社会应该包容多元的价值观，从心理和人性的角度看，每个人生而有价值，每个人都有权利按照自己的想法和长处去发展自己。作为父母，接纳自己的孩子，给孩子一个健康的自我感，就是成功的。在陪伴孩子成长的过程中，帮助孩子发现自己的长处，并且支持他在自己有些天分并且擅长的领域发展，那就是更好的父母了。

爱与哀愁

孩子的成长最初来源于家庭，来源于父母能否给予孩子一份健康的爱。在我们的社会里，几十年来始终没有任何一门课程教我们如何做父母，应该如何去对待孩子，所以就有了形形色色的“爱”，有的“爱”过度满足，有的“爱”过于放纵，有的“爱”疏离冷漠，有的“爱”完全地自我牺牲。其实爱很难界定健康还是不健康的，因为人性是如此复杂多变，只是我们可以大致归纳出健康的爱有哪些元素，其中包括理解、接纳、尊重、平等、包容、关注、规则、温暖……

案情回放

2013年的早春，天气还很有些寒意，即使是阴沉的天气，繁华的王府井大街上依然人来人往。在寒风中矗立了一个冬天的树，刚刚发出一点嫩芽，也在夜色的掩盖下已经完全看不到踪影了。但在此时，可以看到五个鬼鬼祟祟的身影混杂在匆匆下班的人群中，拐进了旁边一条窄窄的小胡同中。他们在几辆摩托车旁边转悠了一会儿，小声议论着什么。

几位大妈从他们身边经过，其中一位警惕地问道“你们在干什么?”“你管得着吗?”领头的一个中等身材、面容清秀的男生随口说了一句，立即扔下一个刚刚吸了一半的烟头，吹了声口哨，带着其余的四个小伙伴离开了。五个人到了一条更加僻静的胡同，那里也有几辆摩托车，其中一辆还是崭新的。他们或靠或站地围绕着这几辆车，紧张地看着周围，好像那个面容清秀的领头男孩在他们中间弯腰鼓捣着什么。不一会儿，五个人骑着三辆摩托车迅速离开了胡同，混入大街上川流不息的车流中消失了。摩托车的轰鸣声惊动了旁边小杂货店的店主，当他跑出来的时候，只能看到五个人的背影。店主意识到可能是邻居的车被偷了，下意识地扫了一眼装在小杂货店前面的摄像头，立即拨打了报警电话。

带头的男孩名叫斯奇（化名），是一所职业学校一年级的学生，只有十五岁。其他四个男生都是与他同一所职业学校的同学。五个人连夜联系收购摩托车的人，但是没能立即出手。过了两天，终于联系好买主正在交易时，警察突然出现。经过详细调查，五个人涉嫌盗窃，随即被羁押于看守所。

成长经历

斯奇的父母都是北京人，父亲是公务员，马上就要晋升局级了。家里也不缺钱，每个月都会给斯奇相当数量的零用钱，这些零用钱在同学的眼中已经很“土豪”了。但是，为什么斯奇还要带头和同学一起去偷摩托车呢？让我们一起回到十五年前。

斯奇出生的时候父母都已经三十岁了，父亲是家中独子。这个孙子的到来让奶奶非常高兴，一从医院回家，奶奶就将斯奇带回了自己的家中。但是兴奋劲还没过去，斯奇突然不喝奶了，过了几天甚至咳嗽起来，奶奶感觉到不对劲，赶紧带着斯奇去了儿童医院。那时斯奇还没有出满月，就因为新生儿肺炎住进了监护病房。在暖箱里躺了将近半个月，才重新回到家中。

从医院的病房里出来的那一刻，妈妈再也不肯放开手了，辞职在家做了全职妈妈。妈妈对小斯奇非常在意，唯恐他再受到任何伤害。当斯奇逐渐长大，看到胡同里的其他小朋友一起玩耍的时候，会站在一旁不愿离开。但是妈妈从不愿意让小斯奇和其他孩子在一起玩，因为妈妈担心孩子之间的争抢而会使小斯奇受伤。所以，只要小斯奇喜欢其他孩子的玩具，妈妈立刻去给他买一个新的，甚至会买一个更好的。小斯奇虽然无法和其他孩子在一起玩，但是每当拿着新奇玩具站在一群孩子旁边的时候，每个孩子都会向他投来羡慕的目光。有时，有小朋友还会拿着糖果给小斯奇，只是想要摸一摸、玩一下他的新玩具。那时，往往是小斯奇最开心的时刻。但是当有些淘气的孩子试图“抢走”玩具的时候，斯奇就哇哇大哭着扔下玩具，躲到妈妈的身后。因此，爸爸、妈妈没少为斯奇的“胆小”做过工作，但收效甚微。

终于，小斯奇上幼儿园了。虽然以前并没有和小朋友在一起玩耍的机会，但是小斯奇仍然很快成为了幼儿园的明星人物，不仅仅是小斯奇可爱、秀气的面庞与时髦名牌的穿着，更是因为爸爸、妈妈经常让小斯奇带很多好吃的分给班里的小朋友。爸爸、妈妈认为，应该从小培养孩子乐于分享、吃亏是福的品格。

带孩子是一件非常辛苦，劳心劳力的事情。小斯奇上幼儿园之后，妈妈终于可以在白天轻松一点。不工作多年，妈妈不想再重新工作，但漫长的时间总是需要打发的，于是开始了在麻将桌上消磨时光的生活。妈妈不会耽误每天接送小斯奇，但是却没了以前所有心思都在小斯奇身上的专注。

上了小学之后的斯奇不再是同学、老师眼里的宠儿，心里难免有些失落。虽然还是经常带一些好吃的、好玩的分给同学，但却少了许多幼时的羡慕眼光。斯奇也曾经努力学习过一段时间，小学三年级时的一篇作文曾经被选送参加北京市的作文大赛，并获得了三、四年级组二等奖的好成绩。斯奇也凭借写作能力当上了班级的语文课代表。但是好景不长，四年级时被另一位语文成绩更好的同学所取代。斯奇不知从哪里得到的消息，听说新的语文课代表是拜托父母给班主任和语文老师送了不少礼物，因此老师将本属于自己的课代表位置给了那位同学。斯奇不服气，回家让爸爸、妈妈也给老师送礼，但是父母并没有这么做。斯奇感到很窝囊，也很无奈。自此之后，斯奇认为努力学习根本没用，还不如多挣些钱，积累些可用的人脉更来得实惠。

斯奇的父亲是一名公务员，收入不算高但是很稳定。随着职位的不断提升，人脉越来越广，找父亲办事的人也越来越多。这些人很少到家里来，斯奇完全不清楚父亲的工作究竟是怎么回事，但是斯奇认识一些父亲朋友的孩子，那些孩子与斯奇差不多大或者大一点儿，斯奇与他们的相识不是因为童年时在一起玩，而是因为父亲的朋友会带着孩子们和斯奇一个人到处旅游，斯奇的亲人并不陪他。上了初中之后，小小年纪的斯奇已去过不少地方，不仅是内地的风景名胜区，也去香港、澳门、东南亚一些国家，还去过北美、澳洲游玩。经常从不同的地方带来平时不常见的小物品使得斯奇再次成为了同学之中的明星。

没有考上普通高中，父母希望斯奇学一门技术，于是进入了职业学校。没有了考试的压力，日子很轻松。斯奇经常拿着自己每月少则几百、多则上千的零花钱请同学吃饭、唱歌、去郊区游玩，久而久之，他的身边总是围绕着一些同学。虽然零用钱比绝大多数同学都多，但斯奇依然感到钱太少了。

斯奇的父亲是念过书、有一定知识的人，在养育斯奇的过程中更是看了不少书，父亲认为创造一个宽松、民主的家庭氛围才能教养出一个健康的孩子。斯奇有什么想法、要求，父母都会和他商量、讨论。比如斯奇想要一个最新款的苹果手机，即使要五六千元，只要他承诺不在上课的时候玩游戏，父母立刻兑现，第二天就会将新款手机放在他的书桌上。当斯奇想要一辆大约一万元的摩托车的时候，父母虽然担心他骑摩托车时的安全问题，但还是给他买了。父亲在网上找了一些因为骑摩托车不遵守交通规则发生伤亡的视频给他看，希望他不要因为骑摩托车而受伤。新买的摩托车不到半年就被偷了，而在摩托车被偷之前的半个月，新款苹果手机也不小心丢失，斯奇很沮丧。但很快父母又给他买了一部同样的新手机，摩托车也报了案，只是一直没有找到，父母担心他出意外没有再买一辆新车。

没有摩托车的日子里，同学经常询问斯奇什么时候有新车去兜风。当看到隔壁班一位同学骑着新摩托车从面前呼啸而过时，斯奇心中的一个计划越来越清晰。很快，他找好了同伴，实施了心中的计划。

分析解读

从20世纪80年代到21世纪初，跨越了30多年的独生子女政策，使得众多的独生子女获得了长辈特别的重视。本文的主人公斯奇从出生到现在，无疑得到了无限的宠爱与关注。随着社会的进步与心理健康知识的普及，大城市中受过高等教育、关注网络动态的年轻父母们都非常在意给孩子一个尽可能健康的环境。他们都明白不能将自己的期待加诸在孩子的身上，他们让孩子跟随自己的想法生活，他们都很“尊重”孩子们的意愿，很在意不随意用“别人家的孩子”和自己的孩子做比较，他们不会给孩子什么压力。但是，这些是不是就能为孩子创造出良好的成长条件？

斯奇出生后不久因为肺炎住进了新生儿病房的暖箱，从那时开始，“暖箱”似乎一直存在于斯奇的周围。从美国心理学家鲍尔比和安斯沃思提出的依恋理论中，我们可以看到，依恋是婴儿在同重要抚养人（往往是母亲）之间，经过较长时期的共同相处中逐渐建立的。安全的依恋并不仅仅是母亲使婴儿的需要（包括食物、水、温暖、舒适、解除痛苦等）得到满足，婴儿与母亲在一起的时间长短也不能单纯地决定婴儿依恋的性质。在这一社会性交往过程中，母亲对婴儿所发出的信号是否敏感以及对婴儿是否关心是最重要的方面。如果母亲能非常关心婴儿所处的状态，注意获取婴儿发出的信号，并能正确地理解，作出及时、恰当的反应，婴儿就能发展并逐渐形成安全的依恋。而安全的依恋之所以重要，意义就在于，当一个人心中建立了一个安全的基地，他就不再恐惧不好的事情降临在自己的头上，就会对外部的世界更加好奇，更有勇气与力量去探索。

斯奇身边的“暖箱”在婴儿出生的最初阶段无疑可以给予他温暖、舒适的环境。但正如人本主义心理学家马斯洛提出的“需要层次理论”中提及，当满足了最基本的生存需要之后，人成长的本能、成为独立个体的本能随之产生。在人出生的最初几个月里，婴儿离开了养育人无法生存，从这个意义上来讲，婴儿虽然从物理上脱离了母体，但从心理上依然处于“共生”的状态。从3~4个月开始，婴儿开始会翻身了，这意味着婴儿已经可以根据自己的意愿进行活动了，过了1岁，孩子学会自己走路了，他可以开始探索周围了，再大一些，孩子上了幼儿园，开始有了自己的人际交往，……渐渐的，孩子开始了离开父母、最终独立飞翔的成长之旅。但是在这个过程中，父母出于自己的担心，不让孩子离开“暖箱”，这意味着告诉孩子——你不行！

父母的过度保护使得斯奇丧失了自己探索未知世界的机会，丧失了最初的通过同龄的伙伴进行社会交往的机会。在斯奇的幼年生活中，桌角总是被保护器包裹着，他以为桌角像刀一样锋利，所以不敢靠近；斯奇在上小学之前从未用过剪刀，他不知道剪刀其实只是一件可以帮助自己的工具。因此斯奇幼年时的胆小、畏缩并不是天生的，而只是他不相信自己有能力去应对出现的问题，因为连他最亲近的父母都不相信他行！

另一个非常重要的因素是，当父母的保护不能帮助斯奇在内心建立真正的自信的时候，他们采取的补救手段却只是物质与虚荣。其实，儿时让斯奇在同伴中获得认可与羡慕的与他本人无关，而只是他带来的玩具、吃食、高档商品等，换了一个人带来这些东西，认可与羡慕的目光立刻就会转移到他人身上。在斯奇的内心很清楚这一点，他害怕没有这些东西。没有了这些虚荣，他就只能回到“暖箱”中，在弱小的时候那“暖箱”曾经保护过他，但是当他长大的时候，仍然躺在“暖箱”中，却只会感到禁锢与压抑。但他又能怎样呢？他的翅膀还未长出羽毛，他只能带着一副纸糊的老鹰风筝作为翅膀，骗着别人也骗着自己——你看，我有一副这么大的翅膀呢！

调查员寄语

斯奇，从你的名字就可以感觉到父母对你浓浓的爱。我记得你曾经说过，“我想做，父母拦不住的。”你说你喜欢摩托车，我猜，你喜欢摩托车的冲动与力量，喜欢在摩托车上风驰电掣与不羁的感觉，是吗？十五年了，你是不是渴望着证明自己的能力？是不是希望得到众人真正的认可——这个小伙子真有能力！

父母的确给了你很多，但随着你慢慢长大，以后的路，越来越多的时候需要你自己走了。以前，你没有很多的机会去尝试你想去做的事情，你积攒了这么多年的力量多么想释放出来。但是，你需要做的不是一下子全部释放出来，而是找到真正感兴趣的事，脚踏实地从头学起。

你喜欢有钱的舒适生活，这没有错。只是，如果想赢得他人的尊重，仅仅有钱并不够。对于有钱人，人们尊重的不是钱，尊重的是创造财富的能力。这种能力需要天赋，更需要专注、持久的努力，以及遭遇失败仍然能够自己爬起来的勇气。我知道你希望拥有一副真正属于自己的、坚实而有力的翅膀，这双翅膀，需要经历烈日的灼烤，也需要经历凛冽的风雪，如果你想飞得更高，还要忍受高空稀薄的空气。如果你真的希望做自己想做的，就一定要相信自己。当离开“暖箱”的那一刹那，你会感到寒冷，但只有坚持住，你的翅膀才能真正地打开。

我还想对斯奇的父母说，在过去十五年中，你们已经为他做了太多，是时候放开一些了。做父母的，都舍不得让自己的孩子受到一点点的伤害，也都希望给自己的孩子一个美好的未来。只是，孩子终究要长大，终究要独自面对纷繁复杂的世界，也终究要创造属于自己的生活。在孩子已经想甩开扶着他的那双手的时候，即使他还不能走稳，我们也不得不放开了，因为我们更希望孩子可以自己爬起来之后走得更稳，跑得更快，不是吗？

心理贴士

现在的父母受教育水平越来越高，在这个信息异常丰富的社会，教育理念也越来越多地充斥于网络等各种媒体。父母们会看到各式各样的理论和理念，它们仿佛都有道理。但是，究竟哪些理念是适合于自己这个家庭的？这是一个值得探讨的问题。

有的父母坚信“慈母多败儿”，因此信奉“虎爸狼妈”式的教育理念。而现在更多的父母相信“大拇指”教育，将“孩子，你真棒”时刻挂在嘴边。从心理学中行为主义的观点出发，无论是“虎爸狼妈”式教育还是“大拇指”教育，都是在行为矫正中运用强化、惩罚或消退的技术促使孩子减少父母不希望出现的行为，而更多地做出期待的行为。而无论期待什么样的行为或是不希望出现何种行为，都是在对孩子建立规则。

孩子1岁以后就开始逐渐学会了大、小便的控制，这就是最初的规则。而随着年纪的逐渐增长，尤其是在成人之后，规则就是法律。而在一个“民主”的家庭，家长“尊重”孩子的意见，孩子提出的各种要求都会作为重点来讨论。殊不知，过度的“民主”与“尊重”也会给孩子带来不良影响。有的读者看到这里会想“这种方式不是主流教育方式吗？怎么会有问题呢”？然而，民主与尊重也是有前提的，尤其是在家庭中，孩子心中的安全基地是去探索世界的最重要的基础。如何建立并稳固这个安全基地，除了无微不至的关怀之外，重要的就在于让孩子感到父母是最有力的依靠，是最可信赖的岛屿。而最初的信赖就在于父母的权威感，厚重而坚实。父母制定的规则不能轻易打破，父母的承诺不会食言。如果任何一条家中的规则都是可以和孩子商量的，孩子不同意就随意更改，那么孩子会怎么看待父母呢？其实孩子心中很清楚，你们是大人，如果你们的决定因为我一个孩子的想法而改变，那么你们作为大人是不可信赖的，因为你们还不如我一个孩子的力量强大。在这样的家庭环境中成长的孩子，在学校和社会上的表现又会怎样呢？无外乎两种，或者畏首畏尾，任人欺负；或者狂妄自大，无视学校或单位的规章制度。

那么，我们又应该如何对待孩子呢？那就是在家中有明确的原则与边界，一旦确定，绝不轻易更改。奖惩结合，不能一味鼓励从不惩罚，当然，惩罚的实施需要谨慎而合理。而值得注意的是，鼓励与表扬并不只是一句简单的“你真棒”就够的。一定要向孩子说清，你哪里棒，怎么棒。更重要的是，尽可能不要夸赞孩子“真聪明”“真漂亮”“考得好”等形容孩子先天条件或是事情的结果，可以改为“我看到你很努力”“你在想办法解决，这很好”“你在从别人的角度去看这件事，你长大了”这样关注他成长的鼓励。因为先天的条件其实与孩子本身的努力并没有太大的关系，如容貌、智商；分数、名次等结果的过多强调，也只能刺激孩子更多地进行与他人的横向比较。而更可控的因素其实是后天的努力、坚持与专注。多强调过程，少关注结果，孩子在未来的道路上才能走得更远。

父母的成长，孩子的护佑

随着离婚率的居高不下，离婚后如何对待和养育孩子是所有离异父母要面对的课题，如果离异后又遭遇一方不幸离世，对于孩子来说，就要面对更多的磨难。无论父母离异还是一方离世，孩子能否得到健康的爱，是他能否健康成长的基础。但是能够给予孩子健康的爱并不是每个父母轻易能做到的，需要父母自身的不断成长。

案情回放

2013年4月的一天下午，正是放学的时间，位于东城区的一所小学门口，学生三三两两走出校门，在离学校不远处的一条小路上，有一个二十多岁的男青年，身边还站着三个中学生样子的孩子，这个男青年盯着一些放学回家的学生，看到有学生掏出大额的钱或者iphone手机来，就让身边的几个中学生上去连吓带抢地把手机和钱“弄”过来，看到被抢的小学生不愿“乖乖地”交出手机和钱，男青年拿出身上的一把刀塞到一个十几岁的孩子手中，让他去吓唬他们，这孩子好像也有些胆怯，拿着刀胡乱地比划了两下，接着，他们抢了手机和钱就飞快地离开了。惊恐万分的小学生四处寻找电话打给家长，着急万分的家长赶过来并报了警。

那个手中拿刀的孩子叫李豪（化名），刚满十四岁，还有一个是他的同伴叫赵伟（化名）。另一个同伴是赵伟的同学，那个领头的青年则是赵伟同学的朋友。领头的青年把手机卖掉后，请他们吃了饭，然后就让他们回家了。李豪和赵伟已经两天没有回家了，都是在网吧里过的夜，和赵伟分开后，李豪独自回到家，妈妈见到他，问他去哪里了，他支支吾吾地把下午发生的事情说了出来，妈妈一听，急得没了主意，打电话叫来了自己的男友，经过一番商量，两人带着李豪到了附近派出所投案自首，派出所经过调查，弄清了案件经过，因几人已涉嫌持械抢劫，随后被东城分局羁押。

成长经历

李豪为什么和赵伟逃学在网吧过夜，又为何会跟着去抢劫小学生呢？我们还是先来看看李豪的成长经历。李豪的母亲不是北京本地人，父亲是东城区人，当年父母奉子成婚，但两人感情并不好，李豪父亲有家族遗传的高血压，身体不好，工作也不稳定，三天两头失业。母亲认为父亲游手好闲，不务正业，尤其是孩子出生后，父亲既不出去工作，也不照顾孩子，整天闷在家里打游戏，什么都不管。而父亲却认为母亲不正经，在外面还有情人，两人经常吵嘴、打架，导致分居。当时家里有里、外套间的两间平房，是李豪父亲家的房产，李豪母亲带着不到两岁的孩子住在里间，父亲住在外间。父亲曾经三次在母亲睡着后往屋里熏煤气，想把母亲熏晕后同房，最后一次被母亲发现，当时心软没有报警，但之后母亲起诉和父亲离了婚，当时李豪刚满两岁。母亲想要孩子的抚养权和一间房子（因母亲在北京没有房子），可父亲及其家人不同意。母亲独自搬出家，在附近租了间小平房住，时常回去看看李豪。

父母离婚后，两岁的李豪开始跟着父亲生活，父亲身体不好又要照顾年幼的孩子，一直没有正式工作，只能社区每月给低保补助。在李豪的记忆里，小时候经常吃不上饭，住在隔壁的社区主任说，这孩子是吃百家饭长大的，经常没人管也没饭吃，到了吃饭的点儿，好心的邻居们会让他去自己家里吃。上小学后，他从没吃过早饭，午饭在学校吃，家里从来不开火，晚上父亲给他钱，在附近小饭馆吃盖饭或买些烙饼和小菜。母亲住在附近会经常做些吃的给他送过来，但毕竟不住在一起，无法保证正常的一日三餐。只要李豪一生病，父亲就会给母亲打电话让她带孩子去看病，因为父亲没有收入。

上学后，李豪经常挨打。不写作业或成绩不好的时候，父亲会打他，用拖鞋或皮带抽他屁股，有一次因为没写完作业，父亲把他绑在树上用皮带抽，之后李豪哭着给妈妈打电话，妈妈听了也哭了。只要李豪惹父亲生气，父亲就会给母亲打电话，说管不了孩子，让母亲来管。父亲长期酗酒，有一次酒后开摩托车送李豪去上学，结果摔倒了，李豪的脸摔破了，皮蹭掉了，很久没有愈合，一直流脓。

父亲有先天的高血压，又长期抽烟、喝酒，脾气也暴躁，在2012年的7月突发脑出血，在重症监护室抢救了三天后离世。尽管父亲脾气不好，经常打李豪，但毕竟在一起相依为命生活了十几年，李豪一下觉得自己的世界塌了似的，他哭着走到过去和爸爸经常去的小饭店，坐在门口，想着和爸爸在一起的感觉，哭了很久。

父亲去世后，母亲搬回家里和李豪一起生活，时隔十几年能和儿子在一起生活，母亲很高兴，可没过多久母亲就发现，孩子经常和自己发脾气，自己说什么孩子也很抵触，还和自己顶撞、吵嘴，吵完后还会跑出去，有时甚至晚上也不回来。2013年4月，李豪母亲因患子宫肌瘤住院手术，手术后又发生感染，那段时间她委托姐姐，也就是李豪的大姨去家里照顾李豪，大姨也有家和工作，每天放学时去给李豪做了饭就走。那段时间李豪经常和赵伟在一起，有时去赵伟家吃饭，有时一起去网吧。有一次两人聊天时，赵伟说："我是没有父爱的孩子！"李豪听了，沉默良久，说："那我就是没有母爱的孩子"，说完，两人一起流下了眼泪。赵伟的父亲长期瘫痪在床，母亲那几天因姥爷去世赶回老家去了，赵伟基本也成了没人管的孩子。两人周四在网吧待了一宿，周五早上又不想去上学，于是赵伟提议说找一个同学去玩，以前也和那个同学玩过，就是到其他学校门口去“切”手机和钱，然后把手机卖了换钱，这次他们又找到了那个同学和那个同学的朋友，于是就出现了文章开头的那一幕。

分析解读

从李豪的成长经历来看，无疑父亲的离世给他带来的创伤是巨大的。从小到大他的生活里基本只有父亲，母亲不和他生活在一起，只是周末会来看他，不是最亲近的人。所以，尽管父亲的脾气不好，还会经常打他，但仍然是他最亲近的人。父亲的离去如同世界都倒塌了，对于一个未成年的孩子来说，亲人的离去不仅会让他体验到强烈的悲伤、孤独、无助甚至愤怒，还会带给他强烈的被抛弃感和不安全感，他不知谁会来关心他、爱护他，而且和自小与父母共同生活的孩子相比，李豪的恐慌感会更大。尽管父亲去世之后，母亲和他共同生活，然而母亲的归来，也同时激起李豪内心深处的另一层愤怒，“为什么我还那么小的时候你就抛弃了我?”幼小的李豪是不可能理性地去理解母亲离开的原因的，在经历了无人照顾，吃不上饭的日子以后，幼小的心里留下了被抛弃、不被照顾的感觉。虽然随着年龄的增长，理性上接受了母亲离开的原因，可强烈的被抛弃感仍然留在内心深处，加上一时摆脱不了父亲去世的阴影，这让他无法不向母亲发泄这一切。

父母离婚后的相处也是影响李豪心理成长的重要因素。应该说李豪父母从结婚起感情就没有好过，无论是离婚前还是离婚后，两人都在吵架、互相指责和埋怨。离婚时父亲把母亲独自赶出家门，还总是觉得她不正经；母亲之后很多年一直在指责父亲没有很好地照顾李豪，提起前夫也是一脸的不屑和仇恨。可以说，李豪的父母在自己的感情、婚姻以及教养孩子方面都处理得相当幼稚，丝毫没有考虑孩子的感受。对于幼小的孩子，父母的分开已然是一件很不好的事情，然而对于孩子来说，他更关注自己的生活会发生什么样的变化，像所有的孩子一样，他们最在意的是是否还有人爱他们，是否还有人在真正关注他内心的感受，真正心疼着他。然而父母因为自身的不成熟，一直陷在自己的糟糕感觉中，不肯承担自己对婚姻失败应承担的责任，还始终在互相指责和敌视，他们自己都没有对自身进行必要的审视，促进自我成长，更没有意识到该如何帮助孩子度过心理的难关，也不可能给予孩子健康的爱，所以，李豪除了在心理发展上偏幼稚外，内心被抛弃的创伤感也很重。

然而，对于李豪内心的创伤感，这些因素还仅是表层的，从心理的角度看，还有更深层的原因。年幼时父母分开，对李豪来讲，的确是生活中的重大改变，然而这个改变并不影响李豪的心理健康发展。实际上，年幼的孩子是否能有较好的心理成长环境，或者影响孩子心理发展的重要因素是父亲和母亲的心理健康程度。我们每个人都是从小长到大的，我们每个人成长起来的家庭是我们的原生家庭，与原生家庭父母的关系和模式决定了我们每个人的心理健康程度。在系统家庭治疗中，有一个概念叫自我分化度，它很类似我们通常说的心理成熟度，而系统家庭理论正是试图从原生家庭的角度来说明，一个人从他的原生家庭分化得越好，就越成熟，那么他的心理健康程度就越高；而分化得越差，则越不成熟，心理健康程度也越差。自我分化不好的表现是无法发展很多成熟的心理品质，如非常情绪化、不能自我控制、不肯承担责任、抱怨、无法正视生活中的困难等。从李豪父亲的一些行为看，他的自我分化程度较低，这些行为表现包括：1.因和李豪母亲感情不好，竟全然不顾年幼孩子的身体健康，甚至是生命安全，往母子两人睡觉的屋里放煤气；2.独自照顾年幼的孩子十几年，并未承担起照顾孩子的责任，从不开火做饭，孩子经常没饭吃。自己长期喝酒，甚至酒后开摩托车送孩子，这全然不是一个负责任的、成熟的父亲的做法；3.在教育孩子时，只要孩子不听话，就会打电话给孩子母亲，让母亲来管孩子。这一举动足以暴露其内心是一个不成长、不分化的孩子，带着孩子似的逻辑：“他不听我话，就把他推给他母亲，总之我是不能承担起做父亲的责任和义务的，我无法对这个孩子负责！”而这样的行为也给李豪带来非常糟糕的心理体验，他会感觉到被父母推来推去，自己不被接纳和呵护。

李豪的母亲也来自离异家庭，她四岁时父母离婚，她和姐姐被判给父亲。从那时起就没再见过母亲，这样的家庭对她的成长是有影响的。李豪母亲的心理状态也很幼稚，她对自己的原生家庭中发生的不幸显然还没有理清，没有在心理上获得成长，去接纳自己生命中的不幸，发展出较成熟的情感能力，继而可以给孩子一份较为健康的母爱。正是因为自身心理上的幼稚，在和李豪重新生活在一起后，面对孩子的创伤以及由创伤引发的负面情绪，她无法用宽容和爱去化解、接纳，反而无法控制自己的坏情绪，母子二人的互动就像是两个内心都有创伤的孩子，在不停地冲突和互相伤害。

调查员寄语

李豪，你好。首先我想对你说，你在13岁时就经历了父亲离去这样一个沉重的打击，而你坚强地应对这一切，你已很不容易。可能上天安排了这样的命运给你，是要锤炼你的意志。对于自小你的爸爸、妈妈就分开了，我也很为你遗憾，你可能在怨恨爸爸和妈妈都没有很好地照顾你，给你安定的生活和被呵护的安全感。我只想告诉你，爸爸和妈妈自己的成长经历也比较坎坷，他们的内心也是一个曾经受伤的孩子，他们内心也有委屈和抱怨，而他们的本意也是希望给你全部的爱，可能他们不善于用温柔的语气告诉你这一点，你能感受到吗？如果你有想和妈妈说的话，尝试着去和她说说，告诉她你心里的感受，哪怕是曾经对她的抱怨，也告诉她你渴望她怎样来爱你。

其实除了父母，还有很多人在关心你，你也可以去找好朋友来倾诉心事。只是通过这一次的教训，你也知道了什么是违法的事情，什么样的朋友不能交，这样的朋友不是朋友，是带给你伤害的人，你也知道了今后应和什么样的人在一起。

心理贴士

在我们今天的社会，离婚家庭数量在不停地增加，而由离婚带来的孩子的心理问题也日益成为社会关注的重点。对于成人来说，离婚看似是一件很糟糕的事情，然而从心理上来讲，经历离婚以及如何看待离婚可以说是一个心理成长的契机。通常来说，一段婚姻关系的结束，责任一定是双方的，可如果双方一味指责对方、拒绝反省和觉察自身应负的责任，那么就无法让自己在心理上获得成长。可以说，在一段婚姻中存在的问题，如果不通过成长去觉察和认识，而仅仅是通过结束婚姻来逃避，那么这个问题仍然会在下一段婚姻或亲密关系中出现。

如果出于种种原因，一段婚姻无法继续，那么勇敢地承担自己应负的责任，平和地接受这个事实。对于有孩子的家庭，还要帮助孩子接受这样的事件。首先，双方都应该告诉孩子，自己会继续爱他，无论孩子跟随哪一方生活，自己永远是他的爸爸（或妈妈）。其次，安排孩子的生活，尽量不要有太大的改变，比如还会在现在的学校读书，还会和妈妈生活在一起，周末可以和爸爸见面等。再次，如果和孩子宣布离婚的事情时，面临有关父母的私生活、感情甚至性生活的问题，要坚定地表明这些与孩子绝对无关，孩子可以感到父母尊重他知道真相的权利，但父母对于回答这样的问题感到痛苦，于是孩子就学会尊重父母的痛苦，而不会因此伤害自己。

如果离婚事件带给孩子巨大的创伤，那么首先要检视父母双方或一方是否在用极不成熟的方式处理两人之间的关系。通常不分化的父母会在心理上与孩子缠结在一起，父母在无法解决彼此之间的冲突时，会将孩子拉进他们混乱的关系中，给孩子造成伤害，比如，很常见的是与孩子心理缠结很紧密的母亲将孩子作为利器去攻击父亲。所以，与其说是离婚这样的事件会伤害孩子，不如说是父母在处理和面对离婚事件时不成熟的做法在伤害孩子。换句话说，如果父母双方可以成熟理智地处理他们的事情，那么孩子最终也会接受他生命中的这一事件，并且可以健康地发展自己。

维护『公正』也会付出代价

进入社会打工的未成年人已是社会中一个不小的群体，尤其是外地来京打工的未成年人。他们的身体趋近成人，看似可以胜任一些工作，然而心智发展还远没有到达成熟的阶段，在碰到难以处理的人际关系问题时会束手无策，在遭受巨大压力时还会引发极不理智的行为。

案情回放

阿勇（化名）来北京打工已经一年多了，在一家卖羊肉的公司工作，公司有很多分店和销售点，阿勇被分配到一家大型超市的销售点，负责公司羊肉的销售。超市有一个管事的，叫冯冰（化名），总是向阿勇要羊腿、羊杂之类的，让阿勇白给他，因为是公司的东西，阿勇不同意，于是冯冰就经常找阿勇的茬儿，这让阿勇很愤怒，但也一直忍着。

2011年8月的一天下午，冯冰又找阿勇要羊腿，阿勇说公司的东西不能给，冯冰骂骂咧咧地走开了。晚上十点左右，超市刚刚关门，员工们陆陆续续从员工通道出来，阿勇被冯冰拦住，说要谈谈。两人到了楼梯间，冯冰问阿勇为什么总不听话，阿勇说那是公司的东西，接着反问冯冰为什么总和自己要东西，总找自己的麻烦，并让他以后不要总是找茬儿，说着说着两人争执起来，冯冰被说得起了急，朝阿勇肚子上打了两拳转身就走了。阿勇当时一下觉得愤怒到极点，抄起一根磨刀的钢棍追上去朝冯冰头部打了两下，当时冯冰脑袋就流血了，冯冰转过身两人扭打在一起，冯冰抢过钢棍也朝阿勇的头上打了两下，听到动静的两个同事赶来把二人拉开，打急了眼的阿勇又拿着一把刀捅向冯冰的右肩和右胳膊，看着冯冰的身上都是血，阿勇脑子一片空白……，同事打电话叫来救护车送冯冰去了医院，诊断为轻伤。

事情发生后，阿勇心里很后悔，看到冯冰流了那么多血，心里也很担心，因为很害怕被抓，阿勇跑回了河北老家。爸爸、妈妈原本和他在同一家超市打工，得知消息后都在责骂阿勇，又觉得出了这事没有面子，就辞去工作回了老家，这让阿勇更觉得后悔，也更觉得对不起父母。后来舅舅陪阿勇回北京到派出所自首。

了解了阿勇的案情，调查员心里感到沉重、心痛、无奈和愤怒。碰到这样的主管，这样的事情，放在谁身上恐怕都会很难受，很痛苦和不解，都会捍卫自认为正确的而且符合社会公德的行为。可是为什么阿勇偏偏用这样极端的方式处理问题呢？带着这样的疑问，调查员走访了阿勇的家庭和他的工作单位，希望能够更多了解一些阿勇的成长经历。

成长经历

见到阿勇时，他低着头，话不多，是一个瘦瘦的、肤色偏暗的少年。阿勇1993年10月出生在河北农村，案发时不满十八岁。他从小和父母生活在一起，是家里的独子，父母都是农民，以种地为生，平时辛苦劳作。阿勇的幼年、童年都在老家度过，小学、中学在附近学校走读，读书时从未打过架、惹过事，身边的朋友也都是老实本分的孩子。初中毕业后，阿勇考入一所职业学校读农林专业，半年后辍学，在当地打了一年工后，于

2010年到北京打工，一直在一家老字号的销售羊肉的公司工作。

阿勇的父母老实本分，不善言谈。他们眼中的阿勇是个内向而老实的孩子。阿勇小时候，家里农活很重，父母很少和孩子聊天，也很少去关注孩子心里在想什么，最多也就是在衣食方面尽量照顾好孩子。渐渐地，阿勇也不太和父母多说些什么。上学后，阿勇在学校也特别老实，学习中等，老师从没有找过家长。阿勇越来越内向，上了初中，和父母的话就更少了，有时候父母说什么，他即使有不同意见也不会说出来，不过多半也会照着去做。

阿勇工作单位的负责人认为，阿勇给人总的感觉是不爱说话、老实，对工作负责任，这次发生这样的事情他也感到很意外。以前阿勇和公司提到过超市个别人员向他索要产品，公司曾建议他不要和对方正面冲突，为了维系关系，可以适当地给他一些东西，但情况严重时要向公司汇报。这次发生了这样的事情，虽然阿勇触犯了法律，但也是为了公司的利益，如果阿勇能够出来的话，公司愿意继续雇用他。

分析解读

阿勇的这次触法行为带有激情犯罪的性质，可以从下三个方面来理解阿勇出现这样过激行为的原因。

首先，阿勇是一个未成年的孩子，出事时年仅十七岁，正值青春期，身上具备青春期少年的显著特征。他们通常感觉自己长大了，身体强壮了，意识成熟了，有一些能力可以主宰自己的生活了，不再愿意受到父母的呵护和教导。然而，他们毕竟尚未成年，在步入成年之前，他们仍有很多事情需要探索和完成。著名心理学家埃里克森的个体发展阶段理论指出，青春期少年面临着最重要的任务就是解决好“自我同一性”的问题，即个体要知道自己在做什么，能够对其行为负责并给予解释。这个阶段形成的重要品质是“忠诚”，这包含忠诚的含义是什么，为什么要忠诚，对谁忠诚，怎样做才忠诚等。由此可见，发展忠诚的品质是这个阶段的青少年都会面对的问题，也是发展成一个健康成熟的人应具备的重要的心理能力。

然而阿勇对“忠诚”的理解过于简单，还处于较为浅显的层面上，他不允许别人损害公司的利益，体现出他对公司的忠诚，对他自己从事这项工作的忠诚，这是非常积极和有意义的，理应给予赞赏。但是如何在不损害公司利益的基础上，解决遇到别人索要公司商品的行为呢？阿勇少了些策略和弹性，没有能够找到更好的应对方法。可能在阿勇成长的过程中，还没有深入、认真思索过对人的生命的忠诚，没有认真思索过对法律的忠诚，因此，在和冯冰争执过程中才会使用棍棒和刀具来伤害别人，虽然这种伤害在某种意义上可以看作是自我防卫，但是它依然越过了法律的界限。所以说从更深层次看，阿勇对“忠诚”的理解不够全面和深刻，如果当时他能够认识到对生命和法律的忠诚高于对公司和工作的忠诚，就会阻止自己做出那样冲动的事情，转而寻找其他途径，比如和公司领导去反映冯冰多次、反复找自己麻烦的事情，听听公司的意见，甚至可以向公司申请调离这家超市，到其他销售点去工作，总之是可以找到合适的解决问题的方法的。用极端的方式解决问题，可以看出是阿勇在自我同一性建立的关键时期的彷徨和探索，只是这次探索付出的代价有些大，如果事先能够得到他人的正确引导就会好些。

其次，也是很重要的一点，是阿勇一贯以来的不与别人沟通的人际交往模式，以及对不良情绪的压抑模式，导致他即使有事也不会和亲人朋友去说，缺乏寻求帮助的能力，更缺乏合理宣泄自身不良情绪的能力。本身内向的人就不善于主动向别人表达自己的情感，而更不幸的是，阿勇的父母从小就很少有和孩子谈心、交流的行为，从心理学上看，每个人的内心都是孤独的，所以才需要交流、诉说、亲密来驱散内心的孤独感。内向的人即使不善交际，但也要有可以让自己纾解心结的亲人和密友，这些必要的社会支持可以保证一个人的心理健康地发展。从阿勇的家庭结构来看，父母本身也很少表达情感，很少和孩子交心，谈谈孩子的感受，在这样的家庭氛围中长大的阿勇，即使心里有事也不和别人说，有不好的情绪也习惯压抑着，打工过程中碰到了难以解决的事情，不会和父母诉说（其实母亲和他天天在一起工作，父亲也在同一家超市），只想自己解决。

从心理学上看，情绪是一种能量，不良情绪是一种强大的负能量，我们每个人在生活中难免产生各种负面情绪，最常见的是愤怒。能量既然产生，就需要有出口，而出口就是我们每个人都需要具备的合理宣泄途径，比如找信得过的人倾诉，比如跑步、唱卡拉OK，还比如喝酒、聊天，甚至是购物等，如果一种出口都没有，那是非常危险的，因为长期没有出口，一旦爆发，就不可收拾。从阿勇的成长经历和家庭特点来看，可能从很小的时候起，阿勇就在压抑自己的情绪，因为从来没有人触碰他内心的感受，他也学会了从不表达自己的感受，在他拿刀刺向冯冰的那一瞬间，看似是对冯冰反复找茬儿而产生的强大愤怒，其实还有多年来长期积压下来的、没有宣泄掉的所有愤怒，人在宣泄情绪的时候是不可能有理性的，只有等情绪宣泄过后，理性回归的时候，才会觉得后悔，而且不明白自己当时怎么会那样做。父母虽然也会告诫阿勇，遇事要学会忍耐，不要和别人起冲突，但没有告诉他具体的做法和策略，更没有觉察到孩子情绪的长期压抑，也没有关注到孩子已经不习惯向父母倾诉和寻求帮助，而这些是导致孩子触法的内在原因。

再次，造成阿勇触法也存在一些客观原因。学校教育中只强调孩子的学习成绩，不注重孩子心理能力的发展。对于成绩好或不好的孩子，都应给予社会交往、人际沟通、反省自身的教育。家庭和学校对于阿勇的辍学，没有采取有效的措施让他继续学业，未成年人在自身不很成熟的时候进入社会，碰到一些棘手的事情，自然不会像成年人一样处理得当。此外，社会中确实存在不公平和不公正的现象，超市主管对阿勇多次索要商品，得不到时又多次找茬儿威胁阿勇，这样的行为没有得到遏制，使得阿勇的焦虑和愤怒日益增加，如果超市建立良好的管理和沟通渠道，让员工和厂家促销员可以及时反映碰到的问题，就可以及早发现问题，从这点看超市也有不可推卸的责任。

调查员寄语

阿勇，你好，首先我要对你表达赞赏，你能坚持原则，恪守职责，这是非常可贵的品质。然而，发生这样的事情，是你我都不愿看到的，你在伤害对方的同时，也伤害了自己。

现在你可能需要学习一些技能，是关于觉察自己、反省自己的技能，你要学着去觉察和体验自己，什么时候会有不好的感觉产生，这些不好的感觉是什么，是焦虑、紧张、委屈、伤心，还是愤怒，有了不好的感觉，就要学会和亲人、朋友说说，尽管父母不善表达，可他们是很爱你的，相信你告诉他们你的感受，会让你和父母的心越走越近的。而且人做什么事都是有惯性的，当你慢慢学会倾诉和表达，就会发现那些不好的情绪是可以慢慢释放掉的。可能一开始，你不太容易做到这些，万事开头难，坚持觉察和反省自己，相信自己信得过的人，有些事情是不需要自己一个人扛的，你需要具备寻求帮助的能力。

在你学会觉察自己的情绪，并且可以宣泄自己的不良情绪之后，就可以发展自己的情绪控制能力。遇到冯冰这样的人和事，产生焦虑和愤怒是正常的事情，人人都如此，不只是你才会这样。找一些方法去释放这些焦虑和愤怒，比如和公司领导反映，和一起工作的妈妈说说，即使碰到和冯冰冲突的情境，当觉察到自己的愤怒指数很高的时候，可以让自己先走开，等情绪过去之后再处理，不是说不能愤怒，而是在愤怒到极点时不要处理事情，先处理情绪。

最后，还想和你说，社会是一个复杂的体系，你会遇到各种各样的人和事，所以，我们每个人都要不停地学习应对方式和应对技巧，有些事不能硬碰硬，可以寻找合适的途径。比如私下和其他公司的促销员聊聊，看看他们在遇到类似的事情时会怎样处理，开阔自己的思路，增长自己的智慧。如果事态上升，就用上升的办法处理，比如和公司说明情况，申请调离，或者向超市反映情况。单位领导认为你是一个认真尽责的好员工，希望你经过这次事情，可以获得一些成长，出来后可以继续好好工作和学习。

心理贴士

从犯罪心理学上看，有一大类犯罪行为，被称为激情犯罪，也叫情绪犯罪，是指犯罪嫌疑人在犯案的那个瞬间，情绪基本失控，大脑一片空白，长期积压的强大的负面情绪一旦冲出，人就像魔鬼附身一样，意识变窄，理性全无，在那一刻做出毫无理智的举动，伤人甚至杀人。本案中的阿勇就是在极其愤怒、情绪完全失控的情况下致人轻伤，自己也受到相应的法律处罚。

我们每个人在生活中都会产生各种不良情绪，比如焦虑、悲伤、厌恶、愤怒等，所以健康的宣泄渠道是必要的。遗憾的是，很多人始终没有建立健康、有效的宣泄途径，长期处在情绪压抑的状态中。不良情绪得不到宣泄是很糟糕的事情，小到家庭内的争吵、公共场所的冲突，大到激情犯罪，虽然客观事件不同，但情绪压抑往往是主谋。有些心理学家把情绪压抑的过程比喻为一个不停胀气的轮胎，压抑情绪就等于不停地向轮胎充气，而没有情绪的宣泄渠道等于轮胎从不放气，那么，后果可想而知，爆炸是早晚的事，只是引起爆炸的导火索，也就是客观事件不同而已。

我们的文化和家庭教育有一些误区，比如，很多家庭不允许孩子表达不好的情绪，认为发泄情绪是无理取闹，其实无论是孩子还是大人，是人就需要情绪的发泄，况且孩子在很小的时候还没有学会用更成熟更好的方法去宣泄情绪，所以对于小些的孩子来说，大人需要做的是允许（但不支持）他发泄情绪，等他安静了，再告诉他如果以后再碰到这样的情形怎样做会更好，家里也可以准备一些专供发泄的玩具。而现实中的问题往往是，在孩子宣泄情绪时，父母被激怒了，这和父母自身还没有做好情绪的分化有关，也是父母在情绪、情感方面的不成熟，只有父母自身可以很好地觉察自己的情绪，并且可以管理好自身情绪时，才能给孩子一个好的榜样，也才能帮助孩子处理他的情绪。

家庭中父母是否能关注到孩子内心的感受也很重要，心理学的研究表明，内心感受被尊重的孩子，可以发展出健康的自尊水平，对自我的认知和接纳程度也较好，并且可以发展出与他人共情的能力，较少以自我为中心，也更容易适应不同的环境。同时，内心感受被尊重的孩子也较少会有情绪的压抑，他们会通过沟通和交流来疏泄内心压力，随着成长和理性思维的建立，自然而然地学会管理自我情绪。

被打掉的自尊

自尊感是一个孩子建构自我、保障心理健康发展的必要因素，并且自尊也是极易被伤害的，尤其是对于内向敏感的孩子，所以，教育心理学家通常把它比喻为“自尊的花瓶”，因为它可维护一个人对自己良好的感觉，又极易破碎，所以，无论何时，教育孩子绝不能以伤害孩子的自尊为代价。

案情回放

2013年年初，元旦刚过，一个清冷的早晨，七点多一点儿，一个眉目清秀的少年从北京工人体育馆附近的一间酒吧出来，一晚上喝了六瓶啤酒，他有些迷迷糊糊了，想回宿舍好好睡一觉。走到一个小区的门口，他看见一个和自己差不多大的女孩儿独自一人走过来，平时在酒吧里总看到男孩女孩们在亲热的画面，也许是酒精的作用，他忽然有了上前和她亲热的冲动，于是他走上前去想抱住女孩。面对忽然扑过来的少年，女孩儿吓坏了，喊叫了起来，并和他推搡扭打在一起。扭打中女孩掏出手机，打算打电话求救，少年一把夺过手机。这时，楼上的居民听到了动静，打开窗户大声喊话，呵斥那个少年，并说已经报警了。少年一听，酒醒了不少，趁女孩儿还未回过神来，他拿着女孩的手机就跑开了。一口气跑过了两三条街道，少年才停下来，喘了会儿气，他心里开始后悔，想把手机送回去，但看到有警车驶过，他很害怕，不敢再回去，于是慢慢走回了宿舍。当天下午，警察通过排查，找到了这个少年，把他带回了派出所。

这个少年叫小文（化名），十六岁，从河北老家来京打工半年多了，现在一间酒吧当服务生，元旦放假回家待了几天，刚回到北京，还没有正式开始上班。这晚，他在宿舍待着无聊，就来到酒吧和同事们玩，喝了几瓶啤酒，玩了个通宵，早晨打算回宿舍去休息，走到路上发生了开头的一幕。因涉嫌抢劫，小文被送往东城区看守所羁押，小文为何还在上学的年龄里跑到北京打工？又为何会做出这样的行为呢？带着疑问，我们来到他河北农村的老家，见到了已取保在家的小文和他的母亲及家人。

成长经历

小文的父亲是河北当地人，母亲是陕西人，小文出生时，父母在一家农场打工，出生后小文一直随父母在农场生活，也在那里上过两年幼儿园。六岁时，随父母回到老家。之后父亲经常外出打工，母亲在家里照顾他。小文八岁时，妹妹出生了。父亲在外地打工时，曾出过工伤，头部和手部三级烧伤，后来又查出心脏病。母亲也曾住院，还因为腰椎间盘突出在家躺了一年。爷爷、奶奶住在同一个村子里，常年吃低保，住的房子也年久失修，父亲一直希望攒些钱给他们修修房子。因为这些，家里的经济条件始终不好。

小文从小到大基本没有离开过母亲，在农场时，母亲背着他干活，回到父亲老家后，父亲外出打工，母亲在邻村打工，白天小文由爷爷奶奶照顾。上小学后，小文的成绩非常优秀，小学毕业后考上了当地县城一所很好的中学。初中三年，小文的成绩也很不错，在班上保持在前十名。初中毕业后又考上了当地的重点高中，也是当地最好的一所高中。村里的大人们都知道小文脑子聪明，学习好，觉得他将来一定会很有出息。

小文的学习成绩多年来是父母在艰辛生活中最大的安慰和希望，小文自幼聪明，小学时不怎么用功，基本是边玩边学，可成绩一直在班里的前两名。进入初中后，功课多了起来，小文凭着自己的聪明很快找到了学习的方法和规律，所以，尽管初中他也经常去玩，学习上还是得心应手的。然而就在进入高一的第一个学期，就发生了让小文倍感羞耻，难以忘记的事情。第一学期还没结束，小文就决定离开学校了。

进入高一，学习难度加大，又加上考入这所重点高中的全是成绩较好的学生，入校时小文的成绩排在班里前十名，而第一次的期中考试，小文就滑到了四十多名。小文以往在学校里都是比较贪玩调皮的，有一次上课小文调皮不听讲，老师就过来当众打了他一个耳光，小文当时觉得非常羞辱，这是他头一次被老师当着全班同学的面打耳光，小文虽然调皮但自尊心极强，他再也不爱听这个老师的课了。没过多久，又发生了更严重的事情。一天中午，小文和另两个同学因为学校食堂的饭难吃，就到外面吃了中午饭，还喝了些啤酒，回学校上课时迟到了，班主任罚他们站在教室外，骂了他们以后，然后狠狠地扇了他们好几个耳光，小文的脸都被打肿了。站在教室外面，除了脸上火辣辣的疼痛，更让他难过的是心里的屈辱感，他心里充满了对班主任的愤怒，那天回家后，他就再也不愿到学校去了。妈妈知道了，也很心疼他，然而妈妈无法更多地体验孩子内心强大的愤怒和压抑，也没有帮助他处理情绪的能力，只是反复说：老师是为你好。听到这个，小文心底的愤怒又一次蹿了起来，他发誓再也不回学校，再也不见老师。

小文的决定让妈妈着急万分，爸爸知道了也从外地打工的矿上赶了回来和他谈，告诉他老师就是为他好，之后妈妈劝了小文很多次，和老师也通了电话，但是无法改变小文的决定。小文执意不回学校，学校只好让家长给他办理了休学手续，并告诉妈妈，什么时候小文想回来，就可以回来继续读，而且拒绝转出小文的学籍。之后小文就不去上学，待在了家里，因为休学的事，妈妈和他经常吵架，转眼到了年底，一次小文和妈妈闹了别扭，一气之下一人跑到了北京，在同乡和朋友的介绍下，他找到一份给酒吧、KTV送酒的工作，每月能挣2000多块钱。干了两个多月，春节快到了，他就回家过年了。过完年后，父母和他说希望他继续读书，妈妈又给他联系了县城里的另一所学校，此时的小文，因为在北京打了两个月的工，已无心在县城里读书了，小文去上了两星期的课，觉得不喜欢那里，加上学籍无法转入，就干脆辍学了。

这一次辍学后，爸爸很生气，狠狠地打了他一顿。第二天，小文没有和父母打招呼，就又独自一人来到北京，继续做送酒的工作。三个月后，他经人介绍到一家酒吧当服务生，每天晚上八点到第二天凌晨四五点工作，每月工资3000多元钱。得知他到酒吧打工，父母都很反对，害怕那种地方带坏了他，他根本听不进父母的话。在酒吧里，他经常看到男孩和女孩搂搂抱抱、亲吻，开始时，他很不适应，觉得他们太随便了，很不好，也很反感，几个月后就习惯了，觉得很正常，也会想能和一个女孩有亲密的接触。

尽管如此，小文觉得和家人的感情还算不错，和妈妈的感情最好，也很喜欢妹妹。印象里爸爸和他的交流很少，平时话也不多，小时候小文若犯了什么错惹爸爸生气，爸爸就会打他。记得有一次，他给小鸡仔洗澡，不小心踩死几只，爸爸打了他。小文三岁时，妈妈在北京住院，爸爸回老家取钱，小文缠着爸爸要妈妈，不停地哭，爸爸狠狠地打了他，那次打得最狠，用皮带把屁股都抽肿了。有时，他和小伙伴在外面打架，人家找到家里来，爸爸也会揍他。爸爸打他时，手挺重的，劈头盖脸地哪里都打。父母印象里，挨打后小文的抵触情绪都很重，而且，渐渐地也像父亲一样脾气暴躁，会摔打东西。

这次出事后，小文很后悔自己的行为，尽管后悔离开学校，但提到挨老师的耳光时，小文仍然情绪激动，潸然泪下。被羁押的那些日子里，他觉得很给父母丢脸，也很丢自己脸，都不想活了。取保回家后，母亲在县城自己打工的农家院附近给小文找了份保安的工作，想把小文带在身边，怕他再出什么事。做了一个月的保安，小文觉得如果自己这样下去，也就只能做保安这样的工作，没有文化、没有学历，就不会有更好的机会。仔细考虑后，他决定回原来那所重点高中去读书，以后选择一个自己喜欢的专业报考大学，学成后再进入社会，好好工作，回报父母。

分析解读

从小文的成长经历来看，小文是一个聪明、敏感、偏内向的孩子，这样的孩子在遇到事情时，自尊心极易受到伤害。小文很小的时候，父亲就有打他的行为，而且经常是打他的时候情绪暴躁、激烈，甚至是“劈头盖脸地打”。从心理上来说，孩子在挨打时，除了惧怕身体的疼痛，更加恐惧的是父母的情绪，那些激烈的情绪会给幼小的孩子带来巨大的恐惧感，而长期的、强烈的恐惧感是很多心理问题和情绪问题形成的根源。在恐惧中长大的孩子，大多自尊水平低，缺乏自信。从小挨打的经历使得小文压抑了很多情绪，虽然他意识里明白是因为犯了错爸爸才会打他，但是挨打时体验到的屈辱、愤怒、委屈、不满等情绪都被压抑了下来，当高中老师当众打他耳光的时候，不光是那几个耳光让小文倍感屈辱，而是压抑在小文潜意识中所有的愤怒感和屈辱感的爆发，这让小文难以接受。

除了压抑了很多负面情绪外，挨打也影响了小文的自我认同感和自尊水平。像小文这种性格特质的孩子，在他幼小的时候，会把父亲打他时的暴烈的情绪解读为：我不好。而这个“我不好”的感觉会被他内化到内心深处，影响他对自己的感觉，随着年龄增长，这个内心深处的糟糕的自我意象还会影响他的自我建构，进入青春期后无法形成良好的自我评价，也就无法真正自信起来。高一的小文，十六岁，正处于青春期，这个时期的孩子有一些共同特点，特别在意别人对自己的看法，情绪起伏特别大。而小文由于幼年的心理经历，就会更加敏感和脆弱，所以在遭遇老师体罚时，羞辱感和挫败感极其强烈，继而会强烈地怨恨和排斥老师。

另一方面，导致小文辍学的一个客观原因是学习上碰到了较大的困难。在高中之前，小文凭借脑子聪明，学习上从未碰到真正的困难，而高一的第一次期中考试，他的成绩滑到了四十几名，对他的打击有些大。通常来说，自我感建构得相对较好的孩子，会发展出克服困难的意志品质，面对挫折也能应对过去。而小文在心底对自己其实并没有信心，自我认同感差，内心敏感和脆弱，一次考试的失利被他解读为自己能力不行，很受打击，加上被老师体罚的重大应激，产生了辍学这样的退缩性行为。其实，小文在高一开始的学习过程中，还没有投入全部的精力和智慧，而是在沿用过去的“边玩边学”的模式，如果能够把聪明才智都用在学习上，以他的头脑和基础，是可以获得好的成绩的，可惜，他没有输在智商上，而是先被内心不良的自我认知和压抑已久的情绪打倒了。

小文的经历让我们感到十分惋惜，他是一个很聪明的孩子，学习知识方面有一定的天赋，如果坚持在学校学习的话，可以有很好的成绩，也很有可能考入理想的大学，理想的专业，今后也可能继续深造，然而，现在的他已经离开学校两年了。可喜的是，在经历了这样一件事后，小文切身地认识到了知识的宝贵和重要性，也重新树立了回校念书，将来考取大学这样的人生目标，这让他的家人和我们都感到十分欣慰。

此外，在全国各地，尤其是一些县城的中、小学校，普遍存在老师对学生的羞辱性体罚的现象，最常见的是打耳光。在这次调查中，竟然听到了这样的说法，那所县重点高中的高考升学率很高，其中一个原因就是老师对孩子很负责，老师打学生耳光很普遍，打才说明老师负责，那么大的孩子都贪玩、不爱学，不打怎么能考上大学呢？家长虽然会心疼，但也不会和老师理论，毕竟，孩子能考上大学是最重要的。这个让我们十分震惊的说法在其他县城的调查中也听到过，我们深深为那些孩子感到担忧。

调查员寄语

小文，你好，听了你的讲述，我很心疼你。首先，如果我能代表你的老师的话，我愿意代表他们向你道歉，为当众给你造成的羞辱而道歉。

此外，我还想和你说，在每个人的漫长的学习生涯中，遇到困难是常事，而去克服困难才是我们成长的必经之路。也只有在一次次的战胜困难的过程中，我们才能有“我是行的”“我能够做到”这样的积极的体验，而这些积极的体验可以帮我们攻破心中的阴霾，可以让我们越来越相信自己。

你是一个聪明、有创造力的孩子，过去的成长经历可能带给你一些不好的体验，让你觉得自己不够好，同时又在内心为自己幻想了一个完美的形象，如果发生的事情和这个完美的形象不符，你就会有很强的羞耻感。所以，要通过成长去冲破自己构想的那个虚幻的形象，从而更加接纳和欣赏真实的自己，这样才会更有力量。

心理贴士

在教育孩子的时候是否可以用打的方式，是很多教育工作者、心理学者、社会工作者以及广大家长们经常讨论的问题，有些人认为不应该使用这个方式，有些人认为可以用，还有些人则认为“非打不可”。其实，打与不打，要看是怎样打的，情绪是怎样的，打的是哪里，以及孩子对“打”的反应和解读是什么。如果说一个很调皮、活泼、外向的男孩子，父亲有时会因为他过于淘气、经常惹祸而打他几下，不是打脸，而是打屁股、背部、腿部，打时也没有十分可怕的情绪，那么通常来说不会给孩子造成什么创伤，可能男孩长大后还会觉得，自己那时那么出格，如果不是父亲打他，没准儿还会闯出更大的祸来。

而给孩子造成创伤性体验的打骂，通常伴随强烈的情绪，这样的父母由于自身情绪分化得不好，无法控制自己的情绪，有时甚至是通过暴打孩子来发泄自己的情绪。除了肉体上的暴力，用侮辱性的语言辱骂孩子，也一样会造成孩子的创伤，尤其是长期的辱骂。在这种情形下，如果孩子又恰巧有敏感、内向的特质，就很可能会给孩子造成创伤性体验。孩子在遭到打骂时，会体验到强烈的愤怒和屈辱，而孩子在家庭中往往是弱小者，所以，他们只能把这样的感受和情绪压抑下来。长此以往，除了会让孩子在情绪方面出现问题，也会影响孩子在心底建构的自我感，他们会对自己有着糟糕的感觉，无法接纳自己、自尊水平低、很不自信，在碰到困难时，甚至出现退缩行为。

要让孩子远离身体暴力和言语暴力的伤害，首先，父母要对暴力会给孩子的心理带来的影响有清晰的认识，意识到暴力对一些有特质的孩子会是毁灭性的打击。其次，父母还应先审视和觉察自身的情绪管理机制是否健全，自己是否经常会情绪失控，必要时应先解决自身的情绪问题。

不愿长大的孩子

离婚后的再组家庭，会有多种形式的组合，有时是一方带着子女，有时双方都带着子女。在双方各自携带一个孩子组成的家庭中，如何对待对方的孩子，继父母确实会面临一些困惑和顾忌，而孩子也需要用一段时间来接受另一个父（母）亲。无论如何，只要付出真诚和真爱，孩子的心是会感受到的，如果这份“爱”不是那么纯粹，孩子也一样会感受到的。

案情回放

2013年深秋的一个傍晚，北京某胡同内的一个院门前，有个少年久久徘徊，好像在等人，又像是不愿回家而四处闲逛，消磨时光。那少年看看四下无人，爬上院门前一个破旧的柜子，迅速地从院墙上翻进了院子。进了院子，他打量着，这个小院大概有四、五户人家，他看到有一户没有防护窗的人家，就从窗户进入了房间，进去后发现是个厨房，他翻了翻，找到了一些零钱，头一回做这种事，他心里很紧张，看到桌子上放着一个他不认识的仪器，他抱了起来就赶快离开了。

隔了一个多星期，他又一次在放学路上经过那个小院，看着院墙前那个破旧的柜子，又动了心，翻进了小院，进了上回的那户人家。这回他胆子大了一些，从厨房往里走，进入了卧室，拿了两部手机。又过了十几天，少年竟然又来到这个小院，还是那户人家，他熟门熟路地找到了几百元钱，还找到了两个金戒指和一个看似贵重的饰物。然而，他没有想到的是，反复遭窃后，这户人家已报警并在门口安装了摄像头，摄像头清楚地拍下了他，第二天，少年被派出所抓获。

这个少年叫李朴（化名），年仅十六岁，在看守所见到他，是个白净的少年，看上去只有十二三岁的样子，那么他的成长经历是怎样的呢？

成长经历

1997年8月，北京延庆县的一个村子里，李朴出生了，和其他的孩子有些不同，李朴的妈妈还不到十九岁，和李朴的父亲也没有办理结婚手续。孩子出生后，姥姥托人在村里给孩子上了户口。李朴父亲是外地人，没有什么固定工作，有时贩卖水果。母亲是当地人，生完孩子后，因要工作，就把孩子放到了姥姥家，白天由姥姥照顾。据李朴母亲讲，李朴的父亲不务正业，从不给自己钱，对孩子也不尽抚养义务，让她十分伤心和愤怒。母亲回忆说，每当他们争吵时，两三岁的李朴缩在墙角，可怜巴巴地看着，不知是吓坏了，还是过早地知道不能给父母添乱，一声也不哭。有时候还会在父亲摔门离去后，蹒跚着走过去帮妈妈擦眼泪。在李朴四五岁时，父亲突然消失了，没人知道他去了哪里，一年后，母亲到民政局和父亲解除了关系。

2003年，经亲戚介绍，李朴的母亲认识了现在的丈夫，也就是李朴的继父，两人于2004年结婚。李朴继父比母亲大十岁，母亲觉得他是个负责、顾家的男人，听介绍人说她对前妻生病那三年照顾得无微不至，直到前妻过世。和李朴父亲相比，他是个可以依靠的男人。李朴继父是昌平人，是某酒店的电工，在东城区某胡同内有一间九平方米的小平房，妻子过世后，自己带着女儿在这里生活。和李朴母亲结婚后，李朴的户口也从延庆转进东城区，进入附近的小学读书，也是从那时起，李朴不再随母亲的姓，而是随继父的姓，改名叫李朴。

李朴继父记得，和李朴母亲结婚前，两人到延庆李朴姥姥家，第一次见到了李朴，可能之前姥姥和他说过了什么，一见到他，李朴就开口叫他“爸爸”。幼小的李朴心里也清楚，这个男人是自己的继父，自己和母亲会进城和他生活在一起。可能自小在姥姥家长大，李朴刚到城里时，竟然觉得母亲和继父都像不认识的人似的。而进入新的家庭后，也远不如和姥姥在一起时那么自由、痛快。继父家里还有一个大自己一岁的姐姐，平时姐弟两个的学习都由继父负责，李朴也不明白，为什么从小到大，妈妈从没有去给自己开过一次家长会，甚至从没有去过学校一次，妈妈好像一直是早出晚归地上班。回家后，继父也做好饭了，晚饭后，也是继父督促他们写作业。

在2009年之前，一家四口就挤在那间不足九平方米的平房里，李朴和父母睡一张上下铺，李朴睡在上面，姐姐单独有一张小床。2009年，院里的一个邻居搬走了，腾出了一间七平方米的小平房，他们家把房子买了过来，李朴和父母搬进了七平方米的房间，仍然睡上下铺，姐姐独自住在原来的房间里，一家人吃饭也在那里。李朴妈妈告诉我们，她觉得自己现在的丈夫作为继父，对李朴所做的一切已经是不错了，如果没有他的这间小平房，小李朴还只能在延庆山区上小学，自己的工作也是他托人给找的，再婚后和自己的感情也不错，自己还能有什么想法呢？但是，作为母亲，她也告诉我们，有一些事，她也只能看在眼里。记得刚到城里来上学时，李朴只有七八岁，上小学二年级，有时下午放学早，李朴和妈妈在他们的小屋里独自相处，他会在床上随意翻滚，上蹿下跳，享受着和妈妈在一起的那份肆无忌惮的自由时光。到了下班时间，院门一响，李朴知道是继父回来了，他会立刻坐到那张继父给他规定的写作业的小方桌和小板凳上去，大气也不敢出一下。因为他知道，不好好坐在这里写作业，是会被继父骂的。孩子前后判若两人，让母亲有些心酸，但更多的是无奈。李朴似乎懂得，继父才是这里真正的主人，自己与妈妈究竟在什么位置才算妥当，真是难为了这个七八岁的孩子。李朴写作业很慢，经常是三年级的姐姐已经熄灯睡觉了，李朴还在写功课，有时候是老师留的，有时候是父亲给加的。

渐渐地，李朴上了初中，毕业后进入一所职高，李朴经常和同学借钱，甚至在进入职高一年级没两个月的时候，就和班主任张口借钱了。每年假期，他和姐姐都会离开拥挤的小平房，回各自在郊区的姥姥家，看到姐姐的姥姥和姐姐的姑姑总是给她很多钱，而自己却没什么零花钱，他总是和妈妈抱怨。继父从不给他零花钱，妈妈会时不时地给他，每次10元钱，主要是让他吃早餐，他觉得远远不够。在他心里，已经把“给他钱”和“爱他”联系在一起，认为爱他就会给他钱。作为内心失落的补偿，幻想中生父的形象也越来越丰满、高大。自从四岁时生父消失，李朴就再也没有见过他，可是，他是多么需要一个能给他强大的依靠，并且真心爱他的父亲啊。李朴在学校里和同学说自己的生父是个大老板，经常接自己出去玩，出入一些高级场所，给他零花钱也出手阔绰，一次给5000元，还会带自己去欢乐谷玩遍所有的项目，吃很多高级蛋糕、冰淇淋等。也只有在想象中，李朴可以这样安慰自己。

从小学开始，李朴的成绩就不算好，初中后又有所下降，用他自己的话说，他已经不再愿意去学了，觉得学不学都那么回事儿。母亲对他的成绩也日益不满，也曾说过：学习不好还有脸要零花钱，要给也给学习好的。进入职高后，李朴放学后有时会去网吧，有时会到外面玩儿，渐渐地开始有晚上不回家的迹象。如果前一天晚上没有回家，第二天早上，继父会去学校找他，看看他有没有到校，也会问他去哪里了。

渐渐地，他借过钱的同学会来催要，李朴在学校旁的小卖部也欠了几十元钱。也有家境很好的同学，借给他的几百块钱就不往回要了，只是让他帮助做值日，支使他跑跑腿儿之类的。老师也为他担忧，在老师看来，李朴像是一个没有主见的孩子，别人让干什么就干什么，比如问他为什么抽烟，他说其实他很不喜欢那股辛辣的味道，但也要忍着，大家都抽，他就抽。有时实在没有钱，李朴也会在周六、日休息时到公园去发小广告、宣传单之类的，然而还是不够他的花销。不知是为了多“找”些钱来花，还是实在不愿回到那个拥挤冰冷的小屋，李朴三次在放学后翻进路过的一个小四合院，也就是文章开头的那一幕。

分析解读

与李朴的访谈开始并不顺利，当我们对他的家庭还一无所知时，我们照例开始询问他的父母，然而这个孩子竟是一副很受伤的表情，并且带着恼怒几次回问我们：“可不可以不提他们？”之后，泪水从他的眼中涌出，他的情绪有些失控，不停地抽噎着，就这样我们慢慢地、艰难地完成了一次访谈，而李朴的眼泪自始至终没有断过。

在李朴的心里，姥姥和姥姥家的太姥爷是他最亲的人，从出生起生活了七年的姥姥家，是他心目中唯一的家。幼年时父亲的突然消失给幼小的心灵蒙上了一层阴影。从李朴谈起生父，以及和生父在一起的那段日子时的神情可以看出，他对自己的亲生父亲还是有些牵挂的。妈妈虽然一直在身边，但却是个若有若无的影子。还好，他的世界里，还有一个爱他的姥姥。

李朴的母亲在十八九岁的年龄遇到了李朴的生父——一个很不负责的男人，并且在非婚姻的状态下生下了李朴。孩子的生父从不对自己和孩子负责，四年后消失得无影无踪。也许，太年轻的母亲，自己都无法接受发生在自己身上的这一系列遭遇，她已然在努力地应对了，陷在自己悲惨的感觉中，她无暇从自己悲惨的世界里脱出来，去关注身边这个需要关注的孩子。不能说母亲不爱李朴，她也会为李朴的出事伤心掉泪，但是，有可能在母亲的内心深处，李朴更是她一段失败的人生的产物，对于教养李朴的责任，只要能推就推出去，过去是推给自己的母亲，现在则推给自己的丈夫。她的内心里，如果无法真正面对和接纳那段“失败”的经历，就无法真正面对和接纳李朴。

所以，孩子七岁前，在姥姥那里，基本由姥姥全权负责。七岁后，孩子来到了这个家庭，就由继父“全权负责”了。母亲以上班不能请假为理由，从李朴小学到高中，从未给他开过一次家长会，也从未去过他的学校。就是在李朴出事被羁押的三个多月中，母亲也一次都没有去看过他。

从七岁起，李朴就和继父生活在一起了，看上去继父已经为他做了很多，给孩子开家长会，督促孩子的学习，辅导孩子的功课，甚至孩子夜不归宿，第二天去学校的也是继父。然而，在李朴的心中，继父始终不是一个温暖的形象，李朴只有在幻想着自己生父的时候，才能感受到一些虚幻的父爱。客观上来说，作为继父，在教育管理继子的问题上，确实会有些顾忌，分寸较难把握，他也会更多地考虑外界的评价。“继父”的身份，他顾忌的是别人会怎么看，会怎么说，有没有尽到继父的责任，他的一切行为的落脚点是自身的形象，以及与再婚妻子的关系，而不是真心去爱孩子，用真心的爱护着他健康成长。孩子的心是很敏感的，尤其在别人是否真心爱自己的问题上，所以，在共同生活的近十年中，李朴的感觉是：继父并不是全心爱着我，尽管他会来管理我的学习，但是我没有感到他是真正地关心我。孩子的成长需要父母纯然无夹杂的爱作为心灵成长的养料，就像小婴儿要喝奶一样，李朴童年的经历使得他的心灵就像异常饥渴的小婴儿。长年饥渴并被抛弃的孩子，会从敏感逐渐走向冷漠，李朴的内心，也因为得不到爱而渐渐冷漠起来。

李朴出事后被羁押的三个多月，继父也从未去看过他。在我们跟随检察官去看守所见李朴的那个上午，检察官也曾通知李朴的继父同去，但即使那天不上班，继父也拒绝了去看守所。晚上，我们到家中做调查时，因李朴之前告诉我们，他和姐姐的关系很好，所以，我们向继父表示，希望可以和姐姐谈谈，更好地了解李朴，但是三次的请求都被继父毫不犹豫地拒绝了。我们不禁在想，如果是真心关爱这个孩子，为何在孩子最需要亲人的三个多月里，没有一个亲人去看他？如果真把他当做自己的儿子，为何要阻止调查员和姐姐聊聊，继父的做法似乎在表明：“是她的孩子犯了罪，和我及我的孩子无关，不要把我的孩子牵扯进来!”

对于这一点，母亲并不是不知道，她告诉我们，现在的丈夫对自己很好，这些年也一直在教育和管理李朴，而在潜意识里，她也明白，丈夫对待自己的女儿和对待李朴还是不一样的，而且她能带着李朴来到这个家，这样已然是不错的了，她也不能再要求现在的丈夫做什么。对于母亲来说，她在爱李朴和教育李朴两个方面都有着严重的缺失，前者更为重要。事实上，在比自己大十岁的丈夫面前，她更像是一个“听话的女儿”，每月按时上、下班，按时拿回工资，也许是内心的创伤阻止了她的心理成长，她还没有从一个“听话的小女孩”成长为一个“成熟的母亲”，也没有做到一个母亲应该做的事情。

就这样，在李朴的成长中，极度缺乏父爱和母爱，这让他的心理停滞在很小的阶段，也不能很好地发展自我认同感，他通过幻想一个优秀、成功并且宠爱自己的生父来弥补现实中巨大的落差。从他沉迷于幻想的行为也可看出，他的身边太缺乏可以支持他成长的真爱了，他试图“逃”进一个虚幻的、有爱的世界，但同时也逃避了自己的成长。李朴的班主任也觉得，他是一个行为举止都很幼稚的孩子，缺乏自己的主见、随波逐流、逞能攀比，极易受到环境的影响。严重的心理发育迟滞甚至会表现在外表上，从外表看去，李朴远远不像是已经十六岁的孩子。

调查员寄语

李朴，在你十六岁的生命中，有许多同龄人不曾有的经历，我能感受到，你在现在的家里并不幸福，可能你比别人更早地品尝到了生活的苦涩。得知你在看守所的三个多月里，父母没有去看过你，我们很为你心酸。

可能你仍然觉得，像有些同学那样，在父母身边长大，有无忧无虑的童年才是幸福的，我想告诉你，那只是幸福的一种。在那种幸福里长大的孩子，有时好像温室的花，美丽但也娇弱。饱经磨砺的孩子，则像山顶的松，挺拔坚忍。如果要在风雨中坚定地站稳自己的位置，则需深深扎根地下，汲取大地的营养。你的经历曾给你带来许多不好的体验，也让你慢慢关上了自己寻求爱的心门。可是，你要知道，无论何时何地，无论经历过什么，不要关上这扇门，这个世界上还有很多的爱，要想找到它，就先要让自己的心里有爱。

你即将步入成人的行列，需要学会换位思考。童年的经历让你感到妈妈可能不爱你，再过两三年，你就十九岁了，就是在那样的年纪，妈妈生下了你，也许当年的妈妈真的是不知道怎样才能给你一份醇厚的母爱，加上对你生父的深深的怨恨，妈妈也有很多事情需要去理清，去成长、学习做一个好妈妈。

继父虽然不是你的亲生父亲，在这十年中，他和母亲一起供养了你，“受人滴水之恩，当以涌泉相报”是我们的古训。当你成熟之后，就会明白每个人都会有自己的无奈，你就会理解别人的痛苦，当你用感恩的心态去面对身边的人，那么你会慢慢感受到温暖和爱。

从你的言谈中可以感受到，你是个本质很好的孩子，你的班主任王老师也多次强调这点，只是缺乏主见，总像个孩子。唤醒自己沉睡的内心，快快长大吧，去为自己承担一些责任，只要勇于承担，勇于长大，内心的伤痛也会慢慢痊愈的。最后，想送给你罗曼·罗兰的一句话：这个世界上只有一种真正的英雄主义，那就是在认清生活的真相之后仍然热爱它。

心理贴士

随着社会上离婚率的增加，再婚家庭的数量也会越来越多。而在再婚家庭中，继父母处理与继子女的关系，也是一门需要学习的人生命题。通常来说，对于幼小的孩子，只要是全心地爱他，和他建立亲密关系，他

（她）通常都会接受父亲或母亲的伴侣；对于大一些的孩子，甚至是成年的孩子，就需要多花一些心思了。因为他已经有自己的一些价值观、规则和习惯，但是无论怎样，只要有真诚和尊重，对继子女以真心相待，孩子是可以感知得到的，配偶同样会感知到。当子女感觉到被人真心以待，没有见外的时候，自然也愿意付出真心。长此下去，就会是“胜似一家人”了。

然而，在现实生活中，有些世俗的顾虑就像一张薄纱，隔在家庭中间，虽然透光透气，但爱与真诚的透明度总是会受到一些阻滞，会在某个时刻在孩子心头闪现“我们是一家人吗?”“我是完全被接纳的吗?”这样的疑虑。孔子讲：“己所不欲勿施于人”，我们自己作为重组家庭的成员，是否希望其他人也像真正的一家人一样对待自己，不见外、无顾虑地相处。每个家庭成员都这么想、这么做的时候，那张薄纱便无处遁形。

青春，别太远也别太近

青春期的孩子会刻意地远离父母，尤其是青春期之前与父母的关系不是很近的孩子。然而，他们真的可以独立处理一切，不需要父母的支持和指导了吗？答案当然是：不。因为这时的孩子的“远离”是一种姿态、一种挣扎，或是一种探索，而且往往带着对父母的愤怒。所以，要更好地理解青春期的孩子，父母需要更多的包容和接纳。

案情回放

2013年10月19日，时间已经接近晚十点，但在东直门公交枢纽附近，仍有不少行人匆匆穿梭。就在这时候，一个少年斜背着一个帆布书包，招手拦下一辆出租车。驾车的王师傅正准备结束一天的工作收车回家，见到这个少年招手，还是路边停车。少年上车之后，王师傅觉得他的神情有些异样。作为一名老出租车司机，王师傅见过形形色色的乘客，于是心里多了一些戒备。但少年支支吾吾说出的内容还是让王师傅有些意外——少年准备对王师傅进行抢劫。王师傅从少年的表现看出，他并不是一个穷凶极恶的惯犯，可能是一个连准备都没做好的新手。王师傅一边和少年谈话稳住他的情绪，一边通过出租车上的报警装置报警。很快，东直门派出所的民警就赶到现场，将还没实施抢劫的少年一举抓获。从少年随身背着的帆布包内，找到了一把二十厘米长的钢刀。

这个准备实施抢劫的少年名叫张渤（化名），十七岁，从江苏来北京不到一年的时间，案发时在通州区一个酒店当保安。张渤和女友在通州租了一个单间同住，在案发当晚，张渤和女友通话时，女友告知张渤自己可能怀孕了。张渤一时乱了方寸，他想起之前看到过街上的广告，无痛人流大概需要花费1000多元钱。张渤翻了翻抽屉，发现自己只有不足100元钱。张渤又想起自己上午去银行时，酒店的工资还没到账。他的父母虽然也在北京打工，但张渤和女友的恋情家里比较反对，所以，张渤才和女友搬出来同居，女友怀孕的事情，张渤也不愿意让家里知道。刚来北京半年的张渤也没几个朋友，找朋友借钱也不现实。走投无路之下，张渤从家里翻出一把钢刀，乘车抵达东直门公交枢纽试图抢劫，没想到抢劫没有成功就被抓获。派出所经过调查，弄清了案件经过，张渤涉嫌持械抢劫，被东城分局羁押。让人遗憾的是，如果张渤能向家里求助，或者哪怕暂时压制住自己的冲动再等一天，或许结局都不会如此——张渤的工资，在第二天上午就到账了。

成长经历

为了1000元钱，张渤选择持械抢劫，这实在让人吃惊，他真的走投无路到了这般地步？我们还是先来看看张渤的成长经历。

张渤1996年出生于江西，家里还有一个大他九岁的姐姐。张渤小时候由父母、爷爷、奶奶共同抚养长大。张渤的爷爷、奶奶一共有四个子女，两男两女，张渤的父亲是长子。作为长子，张渤的父亲负责照顾老人，也非常孝顺。在大家庭生活的张渤，受到全家人的宠爱，有一个比较幸福的童年。张渤小时候，父亲在村里开食品加工厂，所以，张渤家里面总是有各种零食，村里的小伙伴来家里，张渤就会用各种好吃的东西来招待。但张渤父亲的生意没能一帆风顺，因为时局变化和经营不善，厂子最终因为亏损而倒闭，家里也欠下了一些债务。

在张渤的印象中，小时候父母的关系不错，对待自己也都很亲切。但因为开厂子需要应酬，父亲经常出去喝酒。之后厂子倒闭，对于父亲来说也是一个打击，父亲喝酒的情况就变得更严重，和母亲之间也开始比较频繁的争吵。在张渤七岁左右时父母闹过离婚，不知道是因为办厂赔了的原因，还是因为父亲喝酒。那一段时间父母吵架大多数都发生在父亲喝酒后。父亲酒醒后没有向母亲道过歉，也没有对张渤做出过什么解释。

张渤小时候比较害怕父亲，尤其父亲喝酒后就特别爱唠叨，这种情况虽然让张渤感受到父亲对自己的关心，但仍对父亲的这种做法感到害怕。父亲虽然经常喝酒，但张渤并未因此挨过父亲的打，从小到大，张渤的父亲都是以说服教育为主，从没动过拳头。张渤的母亲倒是因为一些事打过张渤，但次数不多。对张渤而言，更喜欢和母亲在一起，他觉得与母亲在一起时关系更和谐。

张渤上小学四年级时，因为工厂倒闭、家里欠债，父亲到北京找张渤的叔叔，叔叔年轻时当过兵，退伍后在首都机场工作。父亲托他也在首都机场找了份工作。过了两年，张渤的妈妈也跟着到了北京。因为工作繁忙，父母很少回家，尤其是父亲，可能一两年才回家一次。张渤就跟着爷爷、奶奶一起生活。爷爷、奶奶对张渤挺好，但张渤还是想念父母。在父母离家之前，张渤和父母都比较亲近，但父母离家打工后，见面的时间越来越少，张渤感觉与父母之间也产生了隔膜。

张渤在小学时成绩一般，在初中时是学校里的中游水平。张渤中考时没考上普通高中。张渤的父母本想找关系让张渤继续学业，但因为村里的伙伴也大多没有考上高中，张渤也不愿意继续上学。当时张渤的同学在青岛打工，张渤也想去试试，因为父亲不放心，张渤最终来到北京。

来北京后，张渤和父母住在了一起。不知为什么，之前父母不在身边时张渤会常常想念父母，但现在生活在父母身边，反而觉得和父母离得比以前更远。到了北京两个月后，母亲给张渤在一个旅馆找了份前台的工作，每月工资1500元。因为经常要上夜班，工作挺累，张渤正是年轻闲不住的时候，前台的工作也觉得干着没意思。到了年底，张渤就辞职回江西老家过年了。

在前台的工作期间，张渤认识了一个大自己一岁的女孩，很快两个人就确立了恋爱关系。对于张渤的这段恋情，父母表示反对，一则是认为两个人年纪都小，希望张渤在成熟一点的时候再考虑恋爱，二则是女方自己在北京打工，张渤的父母对于女方的各方面条件不太满意。但对于张渤来说，这段恋情是甜蜜的，在张渤辞职之前，两个人已经开始同居。过年从老家回来之后，张渤因为恋爱的问题又和父母吵了一架。这时候，张渤已经到了新的单位上班，以实习生身份从事保安员工作。因为张渤形象良好，人也老实，在工作中表现得踏实肯干，也得到了领导的认可。工资也由每月1500元涨到2400元左右。就是因为恋爱这件事，张渤最终选择离开父母，在单位附近租房和女友同居。

张渤在北京没有熟悉的朋友。到新单位上班后，认识了两个朋友，但关系一般，只局限于一起吃饭、玩耍。其中一个明确说过：大家一起吃饭、玩乐可以，但不能相互借钱。另一个朋友在事前还借走了张渤一个月的工资，当时说隔天就还，但一直没还，直到张渤案发前还联系不上。也正因如此，张渤案发前陷入经济上的困境，最终冲动犯罪。

分析解读

从张渤的成长经历来看，并没有什么特别的创伤事件让张渤形成人格方面的问题，在张渤的父母身上，也没有明显的人格缺陷和不良行为。虽然张渤的父亲也有一段时间常常喝酒，和张渤的母亲吵架，但并没有因此做出伤害张渤的举动，夫妻关系也没有因此而破裂。那么，张渤为什么最终会走上犯罪这条路呢？这就要从张渤所处的身心发展阶段说起。

从张渤的犯罪过程看来，可以比较明显地看到，张渤从产生犯罪的念头到实施抢劫，时间只有两个小时左右，是比较典型的冲动犯罪。在青少年犯罪的过程中，冲动犯罪是比较多见的情况。因为，青春期的少年在认知、情绪控制力、意志力、社会化发展方面都还不成熟，在有压力的情况下，很容易头脑一时发热，做出过激的行为。同时，在张渤犯罪的问题上，家庭和社会的影响不可忽视。

首先，青春期的少年处于一个身体和心理都快速发展的特殊阶段，在这个阶段中，青少年的情绪波动幅度大，心理敏感程度高。同时，因为快速的成长，青少年会产生一种“成人感”，认为自己已经是大人，能够判断和处理自己身边发生的事件。但从现实水平看，青少年显然不成熟，在一些重大问题的处理上仍显稚嫩，也无法完全摆脱对家长的依赖。这就使青少年在这个阶段，既希望得到家长的关注，又不愿意被家长像孩子一般对待。在张渤的案例中，这种特质表现得非常明显。一方面，张渤仍然渴望和父母的关系回到小时候的亲密状态；另一方面，在面对和父母的意见不同而产生的冲突时，又希望自己能够以一己之力解决问题，不愿意向家长询问或者求助。这也导致在遇到重大事件的第一时间，张渤首先考虑的是向自己能力范围内的人求援，甚至在求助无门的情况下，也没有向家长寻求帮助，而是实施了冲动犯罪。

其次，从张渤在碰到女友怀孕这一重大应激事件时，在精神上、物质上都没有向父母寻求支持来看，张渤和父母的亲密感已经出现了一些问题，这和之前近十年的时间里，父母和孩子一直是分开的有关。但是，这没有能够引起父母的重视，父母也不懂得，这个年龄的孩子非常需要家长的关注和引导，虽然看似他们想要“离开”父母。张渤来到北京后，父母本意是希望孩子在自己的身边，但虽然形式上离得近了，心理距离却没有因此拉近。父母单一的说教方式对于青春期的张渤来讲已不适用，加上之前的情感疏离，反而引发了进一步的矛盾冲突。张渤也开始有了一些超越年龄的行动，比如和女友同居。从心理发展上看，青春期的孩子如果过早和异性产生了强烈的感情以及生活在一起的愿望，通常是因为这一时期，或者之前的时期，父母和他在心理上离得较远。在张渤搬离父母家时，父母也没有反思和孩子之间的问题出在哪里，及时在行为模式和情感模式上作出调整，这种情况放纵了张渤，让他误以为自己已经可以脱离家庭（工作并取得收入让这种“成人感”进一步得到加强），从而尝试在不成熟的情况下独立解决问题。

再次，任何人在社会上都不是独立的，作为社会人，每个人都具有与他人交往并获得社会认可的需求。对于张渤来说，来到北京，和他之前的社会交往环境完全不同。正处于青春期的张渤又由于恋爱问题和父母产生隔阂，更需要与同龄人的社会交往，并在其中寻求认同感。张渤对于恋爱的理想化，其实也部分来源于此。家庭无法给予张渤的理解和温暖，张渤可以在女友身上找到。在交友中，张渤的社会经验不足，被认识几个月并不知根知底的所谓“朋友”借走一个月的工资，让自己在经济上陷入窘境，也是他此次涉案的诱因之一。

调查员寄语

张渤，你好。因为你的不成熟和冲动的行为，你已经付出了惨重的代价。这可能也开始让你意识到，你仍然很年轻，还不完全具备可以独自应对所有难题的能力。你需要审视自己，并认识到自己的能力有限，在遇到问题的时候，不能过分依靠自己的能力来处理，而是要有效地利用可以使用的社会资源。尤其是父母，虽然他们的唠叨让你感到烦躁，但他们对你的爱并不因此而变质或减少，在遇到问题的时候，父母会是你坚实的后盾。你的女友虽然能给你理解和温暖，但她和你一样，也是不够成熟的少年，对于自己的掌控和对事件的处理能力也仍有限。在重大问题面前，仍需要你和年长的人，尤其是你的亲人好好沟通，以免自己误入歧途。

另一方面，因为你的文化水平的限制，你不知道有一些行为可能造成追悔莫及的严重后果，也缺乏在遇到问题时理智、冷静地处理问题的能力。你应该多学习，多了解社会，熟悉社会的基本规则，以便更好地在社会中立足。期望你能够在这次事件中吸取深刻的教训，提高自身，掌控自己的未来。

心理贴士

处于青春期的孩子有几个明显的特点，第一，随着身体和心理快速发育而产生的成人感，要求更独立地处理自己的生活事件，寻求和成人的平等交往；第二，仍未真正成熟，无法摆脱对家长的依赖，仍需要家长的支持和关注；第三，青春期的孩子心理敏感程度高，情绪起伏较大，行为冲动；第四，有较强的社会交往需求，希望获得他人和同龄群体的认同，有孤独感。因此，与青春期的孩子相处，必须注意到他们心理发展的特点，不能沿用过去对待小孩子的教养方式，也不能使用过度简单、粗暴的管理方法。一旦孩子对父母的教养方式产生反感，父母与孩子之间的沟通就会变得很困难，难以了解孩子内心发生的剧烈变化。另外，如果家长不能理解和认同孩子的内心感受，孩子就会向其他人寻求，最终离家庭越来越远。在这个过程中，孩子就非常容易受到社会上一些不良人、事的影响，导致事件最终失去控制，甚至走上犯罪的道路。

很多青春期的孩子很烦父母的“唠叨”，过度的关心也会导致青少年认为自己仍然被当作“小孩子”看待，从而产生逆反心理。家长应当意识到，青少年要求并具备了一定的能力来处理自己生活中的一些事件，虽然可能采取的仍是不够成熟的处理方式，但这是青少年所必经的、迈向成熟的过程。如果在这个过程中干涉过度，往往会使青少年对家长极为反感，最终从家庭中匆匆逃离，进入失控状态。比较理想的做法是，父母要用平等的、对待朋友一般的态度来和孩子探讨他遇到的问题。其实很多时候，孩子只是要家长对他的一个态度，不再把自己看成小孩，不再是“上”和“下”的态势，而在解决问题方面，还是愿意听到父母的意见的。

父母不能对青少年放任自流，在大是大非面前，必须有效引导，尤其是针对文化程度不高的青少年，让他对社会准则和做人的基本底线有明确的认知。当青少年出现撞线或越线行为时，必须采取行动，明确制止，以免进一步发展成严重的问题。

因此，青少年的家长必须认识到，在青春期内，既不能离孩子太远，也不能离孩子太近，否则都很容易影响孩子的正常心理发展。

崇拜『英雄』的少年

自古以来，英雄就是人们向往的一种精神、一种化身，往往代表着勇敢和无畏。然而，一些少年追求他们所认为的“英雄”主义，“侠士”精神，恰恰是他们内心不够强大，自我价值感不高，甚至是内心缺少安全感的表现。对于他们来说，要成熟起来，就要先能够区分鲁莽和勇敢。

案情回放

何伟（化名）是北京一所职业学校三年级的学生。一天上午，上操时何伟感觉有人在后面推了自己一把，回头一看，好像是同班的小林（化名）干的。这个小林，以前就和自己有过几次冲突，何伟上前想揪住小林。周围的同学把两人拉开了，看看不远处的老师，何伟冲着小林说：“你等着！”

第二天下午，何伟带了三四个朋友，在学校外面的一条小路上拦住了小林，几人一顿拳打脚踢，把小林打伤，倒在了地上。之后，何伟打电话给小林同校的好朋友，说：“小林在我们这里，你来领人吧！”小林好友接到电话，觉得事情不妙，就立即告诉了自己的班主任常老师，常老师简单了解了一下，又立即打电话通知了何伟的班主任谭老师，并且报了警。谭老师和另一个老师赶到校外的小路上，看到了何伟和那几个同学，以及倒在地上的小林，何伟和同伴一直强调：“小林和他的朋友今天必须道歉！”在劝说过程中，何伟身后的一个人冲出来，冲谭老师脸上打了几拳，谭老师被打坐在地上，何伟拦住同伴说：“别打他，他是我老师。”这时，常老师和警察赶到，将一伙人全部带回派出所。

据警察调查了解，何伟之前也曾三次参与打架斗殴事件，因涉嫌寻衅滋事，何伟被东城分局羁押。因何伟未满十八岁，属未成年犯案。我们接受委托，对他进行了未成年人涉案的社会调查。

成长经历

何伟童年大部分时间和父母一起生活，周末的时候会去姥姥家居住。何伟五年级时，父母离婚，开始跟随姥姥生活。母亲自己在外面居住，经常回去照顾他们。初中一年级时在学校住宿，一次从学校回家的路上，何伟被高年级的同学劫走了600元钱，他没敢告诉家里人，母亲还是后来从别人那里听说的。到初二选择是否住宿时，母亲为了可以更多地了解孩子的情况并给予保护，选择了走读。

初二时有一段时间，妈妈认为孩子的情绪不稳定，难于管理，曾带何伟接受过一段时间的心理咨询。何伟的学习成绩一直不理想，初中毕业后，进入一所职业高中学习。入学后，发生了和同学打架的事情，并因此转到另一所职业学校。家长希望他能有个高中文凭，之后有机会被招兵，到部队上锻炼锻炼，何伟也同意这样的安排，还希望复原后能当警察，那样就可以“除暴安良”了。

自父母离异后，何伟有六年的时间没有见过父亲。母亲一年前再婚，何伟和继父的关系还不错，父子经常沟通，何伟有什么事情不愿和母亲说的，就和继父聊聊，两人感觉像朋友一样。在妈妈看来，何伟是个朴素的孩子，也乐于助人，他的班主任对他也是这样的看法。继父也认为，何伟和他的那些同伴也都不是坏孩子，都是从前被别人欺负过，没有安全感，所以几个人就抱团在一起了。

何伟认为，自己不是喜欢打架，发生这样的事如果不反抗，他们还会再次欺负自己，求助老师、家长或警察可能也无济于事，一方面没有面子，另一方面也不能永远指望家里人，只能靠自己解决了。靠自己的力量反抗，打赢了，就再也没人敢欺负我，就算打不赢，也让他们知道自己不是好欺负的。被别人抢走600块钱后，再遇到类似的事情，他就以牙还牙，以暴制暴，的确没有人再向他抢钱了，但还是会遇到挑衅或侵犯，他都会用拳头来解决问题。开始时打架是为了自己不挨欺负，后来是看到朋友挨欺负，就受不了，定会帮忙，就这样，从初二到高三，经常会有打架的事情发生，自己也很少吃亏。

分析解读

何伟十一岁时，父母离婚，父亲离开了他，之后的六年他几乎没有见过父亲。即便是和父亲共同生活的日子里，何伟也主要由母亲管教，他对于父亲似乎没有什么太多的回忆，也没有觉得父亲给过他什么关爱，只是记得他很少在家，很少和自己玩。离婚后父亲没有尽到一丝对孩子的责任和义务，这种不负责任的做法使得孩子觉得自己没有依靠，在初中受到别人欺负时，他就觉得自己缺少成年男人的支持和引导，所以，自己必须要“强大”，这样才不被别人欺负。正如他自己说的“我不会主动欺负别人，但是也不能被别人欺负，而且也不能看到朋友受欺负”。由此可看出，何伟的内心是很缺少安全感的。

和何伟在一起的同伴都有相似的经历，弱小的群体都希望自己强大起来，曾经受过欺负的孩子们自然而然地走到了一起，抱团的感觉让他们有了安全感。这一抱团，加之心存已久的压抑、认知和情绪等方面的发展障碍，都影响了他们对事情的处理方式，出现违法犯罪行为似乎也就有迹可寻了。何伟自小就喜欢看历史方面的书，小学的时候就看完了《三国演义》《水浒传》，对里面行侠仗义的英雄非常欣赏、羡慕和向往。在对自己今后的规划中，也是当兵复员后回来当警察，可以除暴安良。

而从心理角度讲，像何伟这样的孩子的行为也是有一定的心理机制的。因为缺少安全感，因为自己心里认为自己是“弱小的”“被欺负的”，加上确实遇到过被抢钱的事情，就更加让他在心里认定“别人都是欺负我的”。带着这样的“心理预期”，就更加觉得时时处处别人都在欺负自己，其实在很多情境下，可能是一些误解，或者是一些正常的人际冲突，有时甚至只是别人说话的态度差了些，放在别人身上，可能会通过解释、澄清或者忍让来化解，而对于有“心理预期”的何伟，在解读一切事情的时候，都会觉得别人一定是要侵犯自己的，在认定这一点的时候已经不再考虑其他的可能性，就会觉得要“不被欺负”，就要主动出击，“保护”自己，因此，就会小事变大，他也会频频与别人打架、斗殴。正如一个心理学的隐喻：一个手里拿着大刀走路的人，边走边向路人们喊：“我不怕你们，看我带着刀呢！”他的内心一定没有多少安全感，内心强大的人是不用带着刀走路的。

当然，也有碰到真正的不良侵犯的时候，但遗憾的是，何伟从未想过用正当的途径来保护自己，比如到派出所报案，向学校反应，或主动和家长求助，他甚至觉得这样的求助是“胆小懦弱的”。父母离异后，王强住到了姥姥家，一年后进入初一，又开始了寄宿生活，这一切让他觉得自己是被抛弃的，是没有人可以保护自己的。从遭遇被抢走600块钱的事件，他没有和任何一个家人提起这一点可以看出，在他的感觉里，他是没有亲人可以依靠的，他认为母亲是保护不了他的，所以他只能靠自己“强大”起来，保护自己。

对于如何面对内心的不安全感和恐慌感，如何让自己不再遭受“抢劫”这样的恶性事件，何伟是有过困惑和痛苦的，初二时何伟曾经有一段时间出现较严重的情绪问题，随着时间推移，情绪问题有所缓解，然而伴随着心情“好起来”的是逐渐清晰的一个偏差的信念，那就是要不被欺负，就要“勇敢”，要“敢打敢拼”，那段时间以后，何伟甚至有时出门都会暗暗带把折叠刀，在公共场合看到不三不四的人，都觉得受到威胁，想法找茬儿把他们打跑。同学中有对他们看不顺眼的，和他们有过口角或冲突的，他们都会找机会去“修理”，还要让他们给自己道歉。何伟越来越沉浸在自己是“侠士”的感觉中，甚至有一次他打伤了别人，还给人家出了医药费去医院看伤。

此外，青春期的孩子非常需要认同，特别是来自同伴的认同，何伟的自我认同已倾向于“侠士”，再加上曾经备受欺负的伙伴组织的认同团体，让他们觉得在这个小团体中很有归属感，也很有“正义感”，而且也确实在保护自我、保护面子的道路上一次次取得了“胜利”，但这种认同偏差带来的“胜利”已触犯了法律。

调查员寄语

何伟，你好。我知道你很想做一个勇敢的人，可是你知道吗，你之前所理解的勇敢是有偏差的，那样的“勇敢”更像是用过度的防御来保护自己。真正勇敢的人内心是平和的，也是有智慧的，不会面对别人的一丝否定或攻击就压制不住，愤怒不已。而真正的强大，也并不是敢于打架这么简单，真正的强大是内心的强大。

你还小的时候，亲生父亲就离开了你，在你最需要有人告诉你什么是“真正的男子汉”的年龄里，父亲消失了，也没有像父亲那样的男人在你生活中出现。在你遭遇抢劫而万分惊恐的时候，父亲没有出现，我可以想象当时你的无助和愤怒。可是，孩子，真正的成长是学会保护自己，学会远离伤害，学会正当求助。你可以在身边寻找这样的有智慧的男人，去向他认同和学习。

尽管如此，我仍然能看到你内心的善良。希望你能够静下心来想想，在你每一次认为受到了别人的欺负或批评的时候，是否真的就是这样的？还是只是别人在表达对你的不满，或是你的一些行为也妨碍了别人，又或是一些生活中难免会有的误解，如果不去学着和别人磨合沟通，澄清解释，难道要这样一直“打”下去吗？勇敢是难得的品质，当你渐渐明白什么是真正的强大后，希望你能够把勇敢用到克服困难、征服挫折上面，去迎接生命中真正的挑战。

心理贴士

本案中何伟的“英雄”情结在很多青少年身上都可以找到，甚至在很多成年人身上都有。记得儿时看过的一个电影叫《草莽英雄》，讲得就是一群有勇无谋的草莽，因为缺少计谋和策略，被别有用心的人利用，最后行动失败，全部牺牲了。在荣格的原型理论中，“英雄”的原型也是身体强壮、头脑简单、忠诚直率，有勇无谋，很讲义气，但下场都很惨烈的一组形象，如我国古代的西楚霸王项羽。从心理学的角度看，这样的人有着独特的人格特质，大多勇猛无比，然而，总是因为缺少智慧而输掉全局。所以，荣格也是从他的原型理论的角度来说明，这种存在于人身上的原始特质需要随着个体的成熟，发展很多成熟的心理能力，才可以把它完美地展现出来。这些成熟的心理能力包括深刻理解世界和他人，明白别人和自己的想法是不一样的，从这个基础出发审视全局，审视对手，甚至可以利用别人的心理弱点，打击对手，像诸葛亮那样。

而对于青少年来说，因为自身心智的不成熟，就更容易错误地追求这样的“英雄”的感觉，历史和社会文化中有时把男性的定位固化在强大、有力量、仗义等方面，青少年就片面地把强大、有力量、仗义等同为敢打架、不惧怕父母和权威，甚至敢于挑战规则和法律。另一方面，这样的孩子往往内心缺乏安全感，在没有更成熟的方法来有效地保护自己之前，他们需要“勇敢地”去冲、去打。

其实真正的强大是内心的强大，还需要获得智慧。相比每一次都“无畏”地去拼以致让自己受伤来说，“打得过就打，打不过就跑”也许来得更智慧些，在三十六计中，也有一计是“走为上计”。真正的英雄可以忍受不够强大时别人的欺辱，从韩信甘受“胯下之辱”，勾践三年为奴，卧薪尝胆中，可以看到什么是真正的勇敢和内心的强大。

孩子，勇敢面对生命中的痛

可能每个孩子都会希望有近乎完美的爸爸和妈妈，然而事实恰恰是，每个人可以选择一切，却不能选择自己的父母和出身，这是上天让我们每个人都必须接受的第一课，尽管有时接受起来很难。从心理上来讲，对父母有要求和幻想，是我们在接纳和认同自己过程中的挣扎和彷徨，当冲破了这一限制时，我们才会明白，无论我们有怎样的父母，怎样的出身，都不会决定我们会成为什么样的人。

案情回放

2013年10月的一天，阴郁的天空中撒落着不紧不慢的雨滴，啪嗒啪嗒的雨点茫然无助地拍打着路边有点憔悴的黄杨树，路上的行人有的打着伞，有的用胳膊遮挡着头，急急匆匆地跑进了地铁站。北京地铁2号线崇文门站是换乘车站，本来就拥挤的地铁又赶上这么一个换乘的枢纽，满眼望去全是晃动的人头。也就几分钟的时间，站前已经排起了一条条队伍。那边的地铁刚刚呼啸而去，这边轰轰隆隆的声音就由远而近，呼啸而来。

车上的人摩肩接踵，很多人在埋头看着手机。车门边站了三个年轻人，感觉有点与众不同，两个学生模样，又像是外地打工者，有些稚嫩的脸上，四只眼睛东看西看，似乎神色有点紧张，他们俩不时看一眼旁边的那个年轻人，只见那个年轻人1.75米的个头，留着时髦的发型，手插在裤兜里，斜倚在门上，歪着脖子，一幅不屑的样子。他们三个人边上，站着一个烫着卷发，穿着入时的女士，淡淡的口红，保养得很好的皮肤，估计有四五十岁了，她不时从那皮质的手提包里拿出一款白色的苹果4s手机看，然后又放进去。到东单站了，随着车进站，车厢里开始拥挤，尤其是那两个外地的打工者，突然靠在了一起，一下挡在了那年轻人和那个中年妇女的前面，车门打开，人忽的一下涌出，突然一个女人尖利的声音传来，“我手机被偷了”，紧接着车站有些混乱起来……

成长经历

那两个外地孩子中的一个叫李稳（化名），出生于西北的山区，从小和妈妈生活在一起。从记事起，李稳就没看见过爸爸。看到其他小朋友有爸爸，他也问过妈妈“我有爸爸吗”？妈妈和他说“你爸爸在外面打工”。后来他就不再问了。

妈妈带他很辛苦，除了地里的农活，还要在餐厅打工。妈妈忙的时候，就会把他送到姥姥家，他从小就不爱说话，也很少和其他小朋友去玩，特别怕天黑，天一黑就不敢再出去。李稳5岁时，妈妈生了妹妹，妹妹一出生就是个植物人，不能说话，也听不懂别人的话。但李稳对这个植物人妹妹很好，有话总会和她说。

李稳6岁开始上小学，农村的孩子喜欢到处跑，李稳和其他的小朋友在一起，也开始疯跑，像只快乐的小鹿。李稳学习成绩很好，门门功课都是优良。他心地善良，从不和小朋友打架，也愿意帮助别人，对那些比他还苦的孩子，他很热情。所以，老师同学对他都很好，老师见到妈妈就会表扬他、夸奖他。

就这样李稳上了四年级，突然有一天他听到别的人说他的爸爸在坐牢，妹妹也不知是谁的种，他立刻回家去问妈妈：“爸爸打工什么时候回来呀？别的同学都笑话我没有爸爸，妈妈我到底有没有爸爸？我的爸爸是不是在监狱里？”虽然妈妈含着眼泪没有回答，但李稳似乎明白了什么。从那以后，李稳开始逃学，脾气也越来越不好。尤其是同学们谁要是说了他妈妈的坏话，说他有个野妹妹，他就会和人家打架。

李稳10岁的时候爸爸突然回来了，听人家说，爸爸得了绝症。爸爸很瘦，但他的眼睛让他感受到了一种异样的力量，对于这个陌生的爸爸，他不知如何对他。有一天他再次逃课，回来晚了，躺在床上的父亲瞪着眼对他说：“如果我再听说你逃学了，我就起来打折你的腿。”从此李稳再也没逃过学。李稳11岁的时候，父亲去世了。父亲葬礼那天，李稳没有流一滴眼泪。不久植物人妹妹也去世了，而他却哭了！

李稳上六年级时，已经12岁了，妈妈带着他改嫁，嫁到了另一个村，他需要在那里重新上六年级，他只上了半年，因为跟不上进度，门门功课不及格，就中途辍学了。妈妈改嫁后，还会去城里打工，他辍学后就会跟着去。妈妈在餐厅给人打工，也给他找了一家餐厅打小工，比如给餐厅洗杂碎。有一次妈妈去找他，看到他蹲着时间太长了，站起来的时候，腿半天都直不了，手也泡变形了，妈妈很难受。

后来李稳又去和妈妈卖菜，帮妈妈忙，妈妈说他很乖，从来不叫苦，但卖菜的押金太高了，有时入不敷出，挣不到钱，妈妈只能又去给人家打工，后来妈妈去了一个工地，给人家做饭。而他未成年，只能打小工，转眼就是四五年，他辗转在餐厅、美容美发店、酒吧等地。妈妈说孩子在身边时，心里就踏实些，不在身边就会担心，但每次给他打电话，他都会很懂事地说，妈妈放心！随着李稳渐渐长大，妈妈的电话也渐渐地少了。

后来李稳在酒吧认识了一个和他同龄的孩子罗阳（化名），罗阳的父亲因车祸去世，母亲得了乳腺癌也相继去世，他上到职高中途辍学。酒吧这个地方什么样的人都会有，他们开始尝试吸毒，不过并没有太上瘾。2013年，17岁的他们开始商量到北京去闯天下。于是他们没有和家人商量，带着少量钱就踏上了去往北京的列车。在车上他们认识了一位北京的大哥，谈得很是投机。临下车前，大哥告诉他们，在北京有了困难找他！

还好心地留给了他们电话号码。

由于学历太低，又没有太多的社会经验，几天过后，他们没有找到一份工作，钱很快用完了，又没有亲戚可投奔，在无望的情况下，想到了在列车上让他们内心崇拜的、热心的北京大哥，于是打了电话给他。北京大哥接到电话二话没说，非常痛快："来我这吧，包吃包住！"一句话让他们小哥俩感激涕零，住了两三天后，大哥带他们到了地铁站，告诉他们此次前来，目的是偷手机。两个人有点慌了，说没偷过，大哥说："没事，先学，这次你们就给我挡着就行。"他们偷的一般都是苹果手机，据说苹果4s、5s即使二手货，在市面上也可以卖到1000~2000元，于是就上演了前述手机被盗一幕。

分析解读

从李稳的成长经历来看，李稳的性格脆弱、敏感、善良、内向。幼年的生活看起来是比较平静的，虽然内向、胆小、怕黑，但这似乎没有什么太大的影响。上学之后，他的学习成绩优良，老师、同学对他的印象也比较好。然而，10岁的时候，李稳知道了父亲是个罪犯，妹妹是个野妹妹，这对他的影响是巨大的，他像变了一个人似的，开始逃学、打架。这个转折点对李稳是至关重要的，小时学习成绩好，他是被老师、同学都认同的，因为有价值感，所以他是快乐的，但到了四年级，李稳的学习成绩开始下滑，爸爸、妹妹的事件对他来说，就是雪上加霜，小时候的那种脆弱感，成长中的缺陷一下就呈现出来。人在巨大的困难前，是最容易发生退行的，他会逃回自己的世界，与现实世界日益隔开。如果母亲那时能够及时给予孩子关注和抱持，体察和理解孩子内心受伤的那一部分，告诉他即使爸爸和妹妹是那样的情形，但我们是一家人，我们不会嫌弃他们，我们还要相亲相爱，更重要的是，不要因此认为自己不好。然而遗憾的是，母亲由于自身的限制，并且一直在疲于应对贫困的生活，没有做到这些，李稳的发展开始了偏差。也就是说，如果李稳成长在一个健康的家庭，具有足够爱的力量支撑他，那么他的脆弱、敏感的性格就不会出现太大的偏差，即使遇到创伤性的事件，也不至于对他造成破坏性的伤害，以至于麻木自我，一蹶不振。

母亲虽然忙于生计，顾不上他，但李稳是善良而有情感的，他和母亲感情很深，但同时也感受到了母爱的无力感。因为母亲的能力有限，所以，父亲的角色对李稳来说是很重要的。从心理学上看，1~3岁是孩子和他重要的客体（一般是母亲）开始分离的过程，开始有独立自主的意愿，但这个过程对孩子来说又是焦虑恐惧的，所以，需要有一个外在的新客体让他感到安全，能够替代母亲。一个家庭中，父亲的角色就是很重要的，如果父亲能够成为母亲的替代者，孩子就能很好地与母亲分离，成为一个对自我约束和情感控制的能力比较好的独立个体，会培养出坚毅、勇敢的品质来。而李稳的性格里正是缺少这种品质，他是脆弱的。父亲、妹妹的事情彻底打垮了他，从此一蹶不振。强烈的精神打击似乎让他的学习能力也急剧下降，即使重读，门门功课都不及格，人也麻木了。17岁的他对童年时期的记忆断断续续、模模糊糊，甚至有些彻底地忘掉。

李稳的违法行为发生在17岁时，也正是青春期，这个时期很多青少年会出现各种各样的问题。从精神分析的角度看，幼年时期的心理发育中固着的地方，压抑的情绪，到了青春期又会卷土重来，并且会放大。也可以说青春期是对幼年时期性格发展不好的那部分重新修复的一个机会，如果在这一关修复不好，很多问题就被带到了成年。青春期是青少年向成人过渡的阶段，心理年龄和生理年龄有很大的差距，生理上日趋发育成熟，而心理年龄尚幼稚。一方面，要求与父母分离，精神上要求独立，在社会上确定自我的社会角色；另一方面，又渴望父母的呵护、理解和支持，矛盾的内心让他们茫然、冲动，但又想摆脱父母的束缚。这个阶段听起来就很像1~3岁的年龄段，而这些正是李稳的一个短板。从李稳和妈妈的表述来看，继父的角色在李稳心目中很淡漠，继父也并没有给李稳带来一些正向的影响，母亲改嫁一年后就带着李稳进城打工，而继父仍在农村。自幼年起父亲形象的缺失也使他在见到北京大哥后，就对大哥产生了亲近和好感，聊得很投机，在找不到工作的情况下，盲目地信任北京大哥，也许因为北京大哥的那种时尚的外表、豪爽的气势，让他感到了男人的力量，而自己又缺乏主见，以至于会去做出违法的事情。

调查员寄语

李稳你好！我想对你说，你的经历让每一个知道你故事的人，都会心疼你。但同时也为你遗憾！从你对妹妹的感情中可以看到你善良的本性，童年的你曾经是那么快乐，老师和同学们都那么喜欢你，直到现在我知道你依旧是那样善良，当听到妈妈让人转述给你的留言时，你泣不成声，你说妈妈是你唯一的牵挂，你们的母子情让在场的人都很感动。

首先，我要说灾难不能成为你逃避和触犯法律的理由。你不能选择出身，但你可以选择如何去生活。出现在我们生命里的事情，是上天拿来磨炼我们的意志的，也许是那时你太缺少支持，也是因为你当时的脆弱，你选择了辍学。即使现在长大后，当我们问你几岁上学，童年里发生了一些什么事情，你大多回答得含糊不清，很多都忘记了，我知道你想通过“遗忘”来逃避自己的厄运，不愿意去面对它。因为，那是你的伤痛，你不愿意让人看，更不愿意自己揭开来看！但伤过的地方如果不去治疗，时间长了还会化脓，造成更大的伤。

其次，父母只是你的养育者，他们的荣辱有可能会影响你，但他们不能成为你，你也不能成为他们，就像你触犯了法律，父母不能替你受到法律制裁一样。所以，父母的过失不能成为你放弃自己的理由。

最后，希望你能出来后继续学习，因为你的文化水平决定了你的认知高度，用怎样的方式生活，以及有可能结识什么样的人。最后也希望你一也要学习法律知识，只有懂法、用法才会更好地保护自己。

心理贴士

依据弗洛伊德的理论，一个人六岁以前的心理经历对一个人一生的发展都至关重要。当然，有些流派认为人是发展中的个体，弗洛伊德太绝对化，个体是在社会和人际中不断成长的，性格是可以改变的。但弗洛伊德却认为，那不是改变，而是修复。虽然各个理论流派上的争辩从未停止，但是，大部分的心理学者还是认为1~6岁的这个年龄段确实应该引起家长的重视。

一个完整有爱的家庭，将是孩子健康人格的基石。依恋学说认为6~18个月是孩子与他人形成默契感的阶段。母亲的抱持与足够好（恰当满足孩子的需要）可让孩子有安全感，成年之后，他们也会与他人之间形成默契，有利于人际交往。1~3岁孩子是开始体验独立自主的开始，这个阶段他们需要与母亲有一个分离，以前他们和母亲好像是一个整体，母亲的足够好，让他们有了全能感，这种美好的感觉让他们想独立自主，但他们又是恐惧的，会有分离焦虑，在行为情感上都是反反复复，会发脾气，所以，一个能够替代母亲的客体能及时给予安慰、支持。长大后，他们对自我的把控能力就会很好，有主见和自信，建立意志品质，也称父亲的品质。当然这种替代者是父亲（或者是像父亲一样的人物）最好，父亲是比较具有这样的特质的。3~5岁是孩子处理与父母之间情感的问题，也是他们向同性父母认同的一个重要过程，如果夫妻之间感情恩爱，彼此和谐，那么男孩长大后就更像男孩，女孩长大后更像女孩。无论是与同性还是异性的交往，也会处理得非常到位。

有人会说，是不是没有父亲或者母亲的单亲家庭，孩子性格发育成长得就不完整。其实不是这样的，现实中有没有父亲或母亲，和孩子的精神世界里有没有父亲形象或母亲形象的人是两个概念，所以，只要孩子在生活中可以找到替代母亲的，或者替代父亲角色的人去认同就可以。有很多离异的家庭中，母亲、父亲都有能力扮演双重角色，孩子的成长也是一样健康的。总之一个具有健全、健康人格的孩子，才能更好地适应生活，更有力量去战胜生活中的挫折！

淡漠的家庭，缺爱的孩子

在心理咨询中，经常可以看到情感模式冷漠的孩子，而这些孩子往往并不是单亲家庭，也不是没有在父母身边长大，其实，恰恰是父母双全但情感模式淡漠的家庭给孩子的心理创伤更大。从物质层面看，一栋房子、一间屋子就可以是一个家了，然而，从精神层面看，贴心的呵护、用心的感受和交流才是孩子精神世界温暖的“家”，而给孩子这样的“家”的感觉往往比给他更多的物质要重要得多。

案情回放

2011年10月的一个凌晨，五点左右，位于东直门附近的一个火锅店内，两位当班的员工收拾停当后，将当天的营业款放在了一楼吧台的抽屉内，就锁门离开了。早上七点多钟，这两个人东张西望地又来到店门口，一人留在门口望风，另一人掏出钥匙开了店门，钻进店内，将店门重新反锁好，就直奔吧台翻找起来。过了一会儿，店主张姐独自来到店里，准备营业工作，她进门后，把包放到吧台上，刚转身就看到一个戴着黑色头套的男子，眼睛和嘴巴露着，拿着一把刀指着自己说：“我就要钱。”张姐听着声音似曾相识，就一手抓着对方持刀的手，一手去抓对方的头套，那人见状用手使劲把张姐的头往下按，张姐被迫蹲在地上，这时门外的男子从后面上来，手里也拿着刀，他用胶带把张姐的眼睛缠住，两人把张姐拖到吧台下面，让她打开吧台下面的保险柜，张姐说没钥匙，两人就猛打她的头部，逼她说出了密码。从保险箱内拿出四万多块钱，又将吧台抽屉里的现金都拿走后，两人把张姐带到火锅店三楼的办公室，用麻绳把她从胸部绑到小腿处，又从她的包里拿走了两部手机和工商银行存折等物，然后关上办公室门和店门，匆忙逃走了。张姐惊魂未定，慢慢缓过神来，用力挣脱了绳子，打电话报了警。

警方立案后，请张姐和店里员工观看了店内监控录像，大家从身影中认出二人都曾在店里打过工，一个叫阿宝（化名），一个叫卞刚（化名），根据这些线索，警方很快将二人抓获。原来，两人在店里打工时，阿宝就偷偷配了店里的钥匙，案发前一周，两人在一起吃饭喝酒时，说到没钱用了，就协商一起到原来打工的火锅店里去偷，为了防止别人认出，他们准备了头套、麻绳和胶带，没想到偷窃时，遇到店主张姐来店里，就发生了开头的那一幕。阿宝犯案时年仅十四岁，一个十四岁的少年为何会犯下这样的罪行，我们先来看看他的成长经历。

成长经历

这是一起性质比较恶劣的抢劫案，调查员在没有见到阿宝之前，不由在心里勾勒出一个强壮又粗鲁的少年形象，然而在看守所见到阿宝本人时，不禁暗暗吃惊。眼前是一个瘦瘦弱弱的小男孩儿，看起来还不如大部分初二学生健壮，光看外表怎么也不能把面前这个少年和持刀抢劫嫌疑犯联系在一起。访谈开始了，阿宝的话非常少，只是低着头，对于调查员的询问用尽可能少的字来回答，坐在他的对面，虽然看不到他的表情，但调查员能明显感觉到他内心十分冷漠。当调查员给他看一份资料的时候，忽然看到那纤弱的手腕上带着一副冰冷沉重的手铐，调查员心里一动，尝试着和法警商量可否暂时把他的手铐拿掉。这个过程中，他那冷漠的眼神中闪过一丝异样的神情。接下来的谈话，好像阿宝可以用多一些的语句来回答了。

阿宝祖籍山东，父母年轻时离家闯荡，阿宝出生在东北一个小镇上，从内心也就认定自己是那里的人，和祖籍以及老家的亲戚都没有太多感情和联系。在这个小镇，甚至整个东北也没有其他的亲戚，家庭交往的人只有邻居和父亲工作中接触到的一些人。父亲只读过小学，靠打零工维持家庭，母亲没有文化，而且身体一直不好，没有出去工作，只是在家里开了一个小卖部，卖些生活用品，全家人居住在店后面大约二十平方米的一个小屋内。

阿宝的记忆中几乎没有和父母一起玩耍的任何情景。仿佛一睁眼就是那个房间，出一道门就是拥挤、阴暗的店铺，似乎还弥散着一股发霉的味道。柜台后面母亲或站或坐，手里永远在编织着各种毛线拖鞋，完工一双就堆放在店铺一角，等人来挑选。也许是那些鞋子沾有母亲的气息，也许是它们的颜色非常诱人，又或许是毛线本身带有温暖的感觉，幼年的阿宝非常喜欢去拨弄那些鞋子，换来的永远是母亲的呵斥。不是被勒令到里间屋自己玩儿，就是去邻居家找其他小朋友玩儿，如果天气好，阿宝还可以被允许自己在门前街上跑来跑去。和现在城里的小朋友相比，不用去学习各种才艺，想想还挺让人羡慕的呢，可阿宝心里却不是这样的感受，他是多么想让妈妈抱抱自己，可以依偎在妈妈怀里听她讲故事，这样的温馨哪怕只有片刻也好，然而这在他的生活中却只是个梦想。如果想要得到妈妈的关注，只能是调皮犯错时妈妈的斥责，也只有这种时候，妈妈的心才是全然在自己这里的。所以，偶尔阿宝会用这样的方式换取妈妈的关注，但这么做还是比较危险的，不能经常用。如果自己做得太过分，或者妈妈心情不好的时候，会在晚上把自己的错误告诉父亲，那样就会换来一顿皮带抽打，得不偿失，这件事让阿宝学会了察言观色和选择时机。

六岁的时候，母亲又生了一个妹妹，刚出生的宝宝自然会得到父母全心的照顾和关注，这让本来就觉得父母对自己很忽视的阿宝觉得自己在父母眼中更加没有地位了。紧接着，阿宝上小学了，学校新奇的生活吸引了阿宝不少的注意力，也不像以前那样希望黏着妈妈了。上学后阿宝发现，好好学习，听话懂事可以获得老师的关注和喜爱，于是他就这样去做。低年级的时候，阿宝经常获得老师的表扬，还被作为同学的榜样。可是即使家长会上老师表扬了他，回到家里却换不来爸爸进一步的认可，无论什么事，自己做得再好，爸爸、妈妈那里也没有什么反应。渐渐地，老师的表扬、同学的羡慕对他不再具有什么吸引力了，而且，老师对自己的表扬和关注也逐渐减少，似乎作为一个好学生，那么做是应该的，不值得大张旗鼓地表扬。如果做得不够好，反而会受到老师的督促和批评。于是他也就不再要求自己好好学习，听话懂事，开始学着其他同学上课睡觉，下课调皮的样子。这下不仅吸引了老师大量的关注，还经常因此被请家长。那一年，父亲经常外出跑长途，家里全靠妈妈一人料理，对于老师的告状和提醒，也是对阿宝反反复复地说教，希望阿宝好好学习，不要惹事。次数多了，连妈妈自己都说嫌烦了，妈妈告诉他：如果再这样下去，家人拿他也没办法，将来长大也不会有出息，只能成为社会的渣子，没有好的出路。

始终得不到关注和肯定，换来的是更多批评、指责，甚至是失望和放弃，阿宝对此也麻木了。渐渐地，他和校外一些哥哥、姐姐混在一起，在他们那里可以得到关注，而且无论做了多么错的事情，也没有指责和批评，甚至大家还会鼓励他做一些事情，比如从高处往下跳、火车到来前横穿铁路等危险的事情，都可以换来大家欣赏羡慕的眼神，至于抽烟、喝酒那就更不用说了。虽然内心知道这样是不好的，但那种欣赏和羡慕却是阿宝最需要的东西。于是，阿宝和他们走得越来越近，因为自己的“胆大”、“勇敢”，在这个圈子里也越来越有地位，这些似乎是他一直在渴望却从未得到过的。

到了六年级，阿宝索性不去上课了，甚至从家里搬了出来，成天和那些哥们儿、姐们儿混在一起，有时也在那些管理不严的小餐馆打打工，过着今朝有酒今朝醉的生活。虽然内心依然空虚，虽然身边依然缺乏关爱，然而和这些朋友一起的时候，他们对自己的关注多少可以弥补一些心理所缺失的东西。渐渐地，阿宝回家的次数越来越少，每次待的时间也越来越短，看着爸爸、妈妈和妹妹在一起，总感觉自己像是到这个家里做客的外人一样。

后来在一个朋友的鼓动下，两人一起来到北京。在租来的破旧的小房间里，漫无目的地过着日子。为了生计，阿宝依然用假身份证在各种小餐馆做零工，工作时间长、薪水低、环境又比较恶劣，好在他不是非常计较这些。身边同事走马灯似的经常轮换，有的回来的时候还光鲜照人的，看着像是发财的样子，他和朋友不由动了心，求教生财的门道。熟络之后，一个同事非常神秘地告诉他们，原来是以打工为掩护，了解老板的经济情况以及出入习惯，伺机“劫富济贫”。他和朋友听了之后都胆战心惊的，由于害怕和内心的良知，他们拒绝了那个同事邀请入伙的提议。

他俩依然在小餐馆里辛苦地打工，回到简陋的出租房里过着简单的生活。偶尔也会提到那些“发了财”的人，想到他们吃得好、穿得好，两人的心里开始起了波澜。为什么我们每天做得这么辛苦，生活依然贫苦，而老板每天不用干活，还可以穿金戴银、吃香喝辣的，是社会的不公还是生活的磨难？是不是也可以适当平衡一下？终于有一次，朋友因为工作中偶然的错误被老板骂了个狗血喷头，心里非常气愤，回来和阿宝商量，要适当给老板一点教训。阿宝就伺机配了老板办公室的钥匙，打算找个时机也去“劫富济贫”。

分析解读

从阿宝的心理成长轨迹中可以看到，阿宝从有记忆起，就有了一种强烈的感觉，“妈妈和我不亲密，妈妈好像都没有时间抱我，我也没有办法让妈妈来抱我一会儿，和我亲热地说说话”。所以，幼小的阿宝在无奈下，只有通过调皮、犯错才可以引起妈妈的关注，即使是犯了错挨骂甚至挨打，都比不被妈妈理睬强，可见幼小的孩子渴望亲密的欲望是多么得强烈。

难道阿宝的爸爸、妈妈真的不爱这个孩子吗？在对阿宝父母的访问中，我们也了解到家人对阿宝的期望和爱，只是他们从来没有对儿子说出口，更不知道用什么样的行为可以确切地表示出自己对儿子的关爱，就像他们口中说的："家里条件就这样，我们能做到的就是：别亏了孩子，别人有的，咱们也有。这就不易了，做爹妈的还能怎么样呢？"为了让家人生活得更好一些，父亲常年在外跑长途，每天在车里十几个小时，经常啃个烧饼就是一顿饭，住最便宜的小旅店，甚至在车上凑合一夜，为了挤出点钱可以给家人带些礼物。妈妈每天尽量给孩子做各种不同的食物，抽空编制拖鞋等小物品在店里卖，每双赚不了多少钱，却因为常年低着头，颈椎也出现比较严重的问题，现在经常头晕。他们不明白，为什么自己的付出，阿宝都没有看到，还埋怨他们从来不爱他。他们非常委屈，自己这么辛苦，就差卖血了，不都是为了孩子们吗？为什么阿宝说自己是没人要的孩子？

一边是从小感觉家庭冷漠的孩子，一边是常年辛苦打工维持家庭生计的父母，仿佛有一条巨大的鸿沟横在他们中间，这条鸿沟的形成展示出了糟糕的家庭情感交流模式。通常来讲，幼小的孩子最关注的就是父母是否在乎他，是否爱他，接受来自父母爱的信息也有很多种方式，除了口头的语言，还有温柔的语气、爱抚的动作、亲吻等非语言表达，无论哪一种表达，只要是满含着爱的，就会被孩子接收到，被他纳入心底，带给他基本的安全感。然而遗憾的是，阿宝的妈妈在孩子幼小的心里永远是低着头做活，没有拥抱，没有言语，甚至没有一个微笑和一个关爱的眼神，只有犯错后的责骂。那么，对于只有感性的孩子来说，他从妈妈的行为中读到的是"妈妈不理我，妈妈一定是不爱我"，尽管他想尽一切办法去要妈妈的爱，可是最终是失望的。随着年龄的增长，阿宝可能慢慢会懂得生活是艰辛的，父母是不易的，然而这是理性层面的建构，在感觉系统中，自婴幼年以来的所有体验都依然存在于他的潜意识中，内心情感的缺失依旧，并且与日俱增，因为父母是一如既往地不会表达爱意，所以，孩子心中的不被爱的感觉会越来越强烈，愤怒也越来越强烈，以致很早就离开了家。

从阿宝父母的角度来说，家庭经济情况不好是客观事实，但不是家庭情感模式冷漠的原因，或者说二者没什么必然联系，即使家庭经济很差的家庭，也有父母和孩子的情感交流模式很健康的，而且只要父母与孩子建立的关系很健康，幼年贫苦的孩子长大后会比别的孩子更加勤奋和努力，也有很多会取得较大的成就。从阿宝父母自身的情感模式来看，可能他们也是来自情感模式同样疏离的家庭，所以，他们没有机会学习更好的表达情感的方式，这一点需要父母自身先有了觉察和成长，才能意识到对孩子表达爱和情感的重要性，从而慢慢改善和孩子的互动。

阿宝父母的另一个严重缺失是对孩子的管教和教导，一个10岁出头的孩子离开家自己在外租房子住，是应该不被允许的，阿宝的离家导致父母对他最基本的监控和管理都没有了，父母认为阿宝的触法行为是在外面结交了不好的朋友，那么，为什么阿宝会离开家，会和那些朋友“相依为命”，父母对此要承担很大的责任。

调查员寄语

阿宝，我能感觉到，现在的你身上表现出来的冷漠，是因为你曾经的渴望和曾经的失望。也许爸爸、妈妈被生活所累，太疲倦了，太应接不暇了，又也许爸爸、妈妈曾经的家庭也是这样对待他们的，所以，你很小就期望能和爸爸、妈妈抱抱、亲亲、聊聊，这样的亲密，他们都没有给你，你的心里从渴望到失望，渐渐冷漠了起来。我还想对你说，尽管爸爸、妈妈在做法上欠缺了很多东西，可在心里最底层是关心、呵护你的，让他们学会直接表达对你的爱是比较难的，也需要时间。驱散自己内心的冷漠也需要时间，其实，身边还是有很多愿意善待你的人，包括爸爸、妈妈，你愿意用心和真诚与他们交流，他们就会回报给你真心和真诚。你付出的真心越多，得到的真心也越多，慢慢地，温暖就会回到你心中。

你很小就独立了，离开家自己生存，到北京后也能够踏踏实实地辛苦打工，可以看出你的勇气和独立生存的能力是很强的。然而你过早离开学校，离开教育，离开父母的管束，使你缺少明辨事理、判断是非的能力，更缺少辨人、识人的能力，听到有人给你讲“劫富济贫”，就错误地理解了其中的意义。你要知道，有所成就的人，包括你的老板，都是踏实勤奋地做出来的，家业也是辛苦努力挣下的，绝非你们所想的“每天什么都不做，就是吃香喝辣”。在打工的过程中，遇到被老板责骂的时候，也要多想想自己哪里做得不到位，学会从老板的视角去看，他希望你做到什么，这样可以让自己迅速成熟起来。

当然，眼下最重要的，是希望你能够重返学校，把你的能力放在学习上，补齐九年义务教育，然后可以学习一技之长，相信你把自身充实得更好以后，再次进入社会，凭借自己的社会经验和独立勇敢的品质，踏踏实实、勤奋努力，你会为自己走出一条很好的路。

心理贴士

提到“淡漠的家庭”，很多人脑中会出现冷酷的、不负责任的父母形象，然而在现实生活中，更多的是像本案中阿宝的父母一样辛苦养育孩子，辛苦劳作的父母，带给孩子的心理体验竟是家庭很淡漠，“父母根本不关心我心里想要什么，根本不想要我”。这样的父母脑中有一种天然的想法，“我们心里是爱孩子的，这就够了，他们一定是知道的”。然而，遗憾的是，如果父母从不表达对孩子的爱，孩子是不会知道的。

表达对孩子的爱也有很多形式，有语言的，也有非语言的。即使是不善言谈的父母，也可以通过眼神、语气、身体接触、亲吻等把爱的信息传达给孩子，心理学家曾经用刚出生一两个月的小猴子做研究亲密的实验，实验结果表明，经常接受爱抚和温柔的语言呵护的小猴子比没有接受这些的小猴子长得更好，相比之下，没有接受过爱抚的小猴子明显地情绪控制机制较差，易怒易暴躁，更没有耐心，更具攻击性，甚至毛色都没有光泽，机体免疫力也较差。

这个结论同样适用于人类，被爱滋养大的孩子和得不到爱的孩子是很不一样的，爱和被爱，是人类从婴儿期（甚至胚胎期）开始直至离开这个世界，终身渴望和追求的东西。对于家庭中的孩子来说，早期的被爱和被满足，可以带给他基本的安全感，是他精神世界的基石。而只有从父母那里感受到被爱，将来他才会去健康地爱别人，健康地被别人爱。

本案中的阿宝在年幼的时候，曾经用各种方式乞求获得父母的关注和爱，却得不到期望的效果，逐渐将这种寻求转向外界。父母对于这种转变是有知觉的，但缺乏进一步的思考，只是简单地归咎于孩子交友不慎和不求上进，进而将对孩子的期望转为失望甚至放弃。父母单一地从自我的角度出发，认为自己尽到了做父母的责任，站在付出的角度，沉浸于自己的委屈当中，也无形中将孩子放在了对立的一面。

没有人质疑父母的委屈和付出，如果父母能够学会换位思考和多角度看待问题，也许多少可以感受到孩子内心的乞求和希望，给予一些正面的关注，让他愿意待在家里，可以感受到家庭的温暖。如果能够做到这一点，即使在家里没有给孩子更多的教育，他们通过家长的行为，也会耳濡目染地学到这种换位思考的能力和多角度的思维方式，学会跳出自我的角度看问题，在自己生活中碰到问题就会多一些理解，进而寻求解决的办法。

『懂事』那心底的痛

有些家长认为孩子乖巧懂事是非常好的事情，往往会一味要求孩子听话懂事而忽略孩子的心理需求。在孩子小时候，无忧无虑地玩耍、淘气就是他们的第一任务，他们原本就是真实、不掩饰的，从行为到情绪都是如此。家长过于刻板的要求和约束会让他们更早地收敛起自己的本性，用社会规范和他人的眼光来要求自己，而不再关注自身的情绪和感受，在遇到压力和打击时，也常常会压抑自己的负性情绪。如果遇到突发事件，压抑已久的情绪爆发、释放，就会带来破坏性的后果。

案情回放

2010年7月的一个夜晚，此时北京闷热黏腻、蒸腾难耐的感觉跟小宇（化名）现在的心情一样。上午，同事告诉他："朝阳店的大安子给这边宿舍的同事打电话来，说有本事小宇你别躲，晚上他就要过来找你单谈……你怎么惹毛他了？"同事这话让小宇心里有些忐忑，有些后悔昨天不该酒后给王文安打那通电话。

小宇是南方某服务学校的学生，和十几个同学一起，到北京这家大的连锁餐饮来实习的。刚来时被分到了朝阳店，那个叫"大安子"的人大名王文安（化名），来朝阳店里时间比较长，总是觉得自己资历深，平时只照顾着他自己的老乡，对新来的外省实习生向来都不怎么友善，大家对他也是颇有微词，有几个实习生因此就离开了。对于工作上的刁难小宇觉得也还好忍，可以跟同学互相发发牢骚，可前些天王文安竟然做出了摸自己下身的举动，这让小宇说不出的窝火。就这一年的工夫，跟自己一起来实习的同学走得就剩下自己了，小宇心里有些堵得慌。昨晚在同学的践行宴上，他多喝了几杯，借着酒劲，再加上心里的憋屈，小宇给大安子打了一通电话，在电话里警告他，别太过分，否则不客气……其实，昨天在电话里自己到底说了些什么小宇也不太记得了，只是觉得当时挺痛快的，至于自己是怎么被同事架回宿舍来的，小宇就想不起来了。

晚上十点半，王文安带着三个人敲开了小宇的门："小宇你出来，咱们聊聊……"小宇知道同学都走了，现在就剩下自己，被大安子给拽出宿舍时，小宇下意识地把手里的水果刀装在了裤兜。在宿舍外昏暗的胡同里，四个人把小宇围在了墙边，没说几句话，对方的拳头就打在了小宇的左眼，还没来得及反应，肚子上又被打了一拳，趔趄的小宇被堵在了墙角，"别过来，你们别过来……"小宇左眼不停地流着泪，他一边大声地喊着，一边慌乱地挥舞着那把水果刀，直到赶来的同事抢下他的刀子，把他抱住。因王文安的腿和手臂被划伤，小宇被东城公安分局以涉嫌故意伤害而羁押。

成长经历

小宇是1996年出生的，家乡是南方一处山清水秀的地方，陆家算是教育世家，爷爷、姑姑、爸爸、妈妈都是从事教育工作的，在当地非常受人尊重。小宇很小时就跟着爸爸、妈妈在山里的小学生活，爸爸、妈妈的关系非常好，被同事称为是夫唱妇随的典范。因为小学的老师要教多个科目，工作繁忙，爸爸、妈妈没法照看小宇，只能把年幼的他托付给学校的同事轮流照看，每天只有等到放学后，小宇才能看到爸爸、妈妈。照看小宇的阿姨们总是夸他乖巧、懂事，爸爸、妈妈也觉得他不淘气，总是乖乖的。

每隔一两个月，爸爸、妈妈就带着小宇，走好远的山路出来，进一趟县城。小宇四岁时，曾经跟着妈妈进城，结果在妈妈采购时，小宇跟着别人走出了几条街，当时把妈妈急坏了，四处地找，三四个小时后才找到小宇，当时娘俩就抱在一起哭成了一团儿。这次的经历让小宇和家里人都印象深刻，也算是刻骨铭心了。自那以后，每次进城小宇的小手都总是紧紧地抓着妈妈，从来不敢放松。

在家里爸爸是个比较严厉的人，给小宇立的规矩比较多，常常跟小宇说应该严格地要求自己。跟爸爸比起来，小宇觉得妈妈亲切得多，平时更喜欢跟妈妈在一起，有好吃的、好玩的都跟妈妈分享。在父母和大家的照看下，小宇度过了自己快乐的学前时光，转眼上了小学。由于工作需要，小宇的爸爸先后被调动了五次工作，每一次调动都离县城更近一些，每一份新工作都让爸爸的业务能力得到了更多人的认可，这让小宇的爸爸、妈妈非常高兴。他们的这份欣喜，小宇是能够感受到的。在这期间，小宇也跟着爸爸工作的变动，转了五次学，他的感受也从最开始的不适应，变成了到后来的习以为常。在小宇看来，自己适应还是不适应，习惯还是不习惯，都没有爸爸、妈妈的工作重要。

家里人都知道，小宇属于那种内向、不好动的孩子，到哪里都不喜欢拔尖，不喜欢融到人堆里，就愿意自己那么悄悄地待着。老师也说过，在学校要是小宇有什么响动，那可是不常见的事。从开始上学小宇人缘就好，跟同学关系相处得都不错。小宇学习不是最好，可是因为平时跟谁都客客气气、彬彬有礼的，加上长得清秀高挑，同学们都管他叫“小书生”。

最让小宇高兴的是，爸爸调回到城里学校工作，一家人跟爷爷团聚在一起。在家里爷爷是最疼爱小宇的人，这让小宇心里有种说不出来的踏实。小学毕业后，小宇考上了镇二中，学校离家二十多里地，路途远、课业重，家里人照顾不过来，小宇被安排寄宿在了初中教语文的赵老师家。赵老师格外的喜欢乖巧文静的小宇，总是向小宇的爸爸、妈妈夸他聪明、懂事。每到周末小宇回家后，爷爷和爸爸、妈妈都会做好多好吃的给小宇，询问他这一周的学习和生活状况。每次小宇都会说：“你们都放心吧，我都挺好的。”初二时小宇开始觉得自己上课有些听不进去，变得贪玩了，学习成绩比原来下滑了一些，但也还算是中等。其实，小宇心里有数，自己不打算考高中、上大学，毕业后能考个好中专，好好学门专业就得了。家里人也没因为他学习成绩下降这事说什么。

初中毕业后，小宇考上了省级的重点中专，这让小宇自己还是比较满意的。爷爷也鼓励他，让他好好学专业。在中专理论课程结束，开始准备安排实习时，小宇的爷爷突然去世，这个突发的事件让一家人都非常的难过，尤其是小宇，感觉心脏都像缺了一块一样。为了不陷在睹物思人的情境中，小宇选择了最远的实习岗位，和十几个同学一起来到了北京。在北京实习，初来乍到总是有些不适应，不管遇到什么，小宇都不会跟远在南方的爸爸、妈妈说，每次都在电话里告诉他们，自己在这边挺好的，嘱咐爸爸、妈妈多注意身体，别工作得太劳累，别惦记着这边，单位给的工资够用的，别寄钱了。这样直到实习期接近结束时，发生了前面提到的事件。

分析解读

以往我们遇到的涉案青少年，不是父母管教过于严苛就是过于溺爱、放纵，家庭成员间关系紧张或是情感淡漠、少沟通，家庭结构不完整或是过于庞杂，少年性格多叛逆、情绪化等。但是在这个案件中，小宇的情况似乎跟以往的情况都不一样，让我们一起来看看，在小宇身上发生了什么。

在小宇的整个成长过程中，“乖、懂事”似乎贯穿始终。在小宇非常小的时候，因为爸爸、妈妈要给学生上课，没有时间照看他，他便由学校的其他人轮流照看。在婴幼儿阶段，一个稳定、温暖的客体是非常重要的，这让小婴儿能够体会到温暖和安全，能够感受到自己是被爱、被呵护的，从而逐渐建立起良好的信任和安全感。从客体关系理论的假定来看，自我与他人的关系形态一旦建立，就会影响其日后的人际关系。进一步说，人们会去寻找符合过去已建立过关系形态的关系。例如：案例中的小宇，在很小的时候就在不同人的照看下，不断地尝试和调整每一次不同的感受，让小宇逐渐地建立起了要乖巧、懂事才能获得爸爸、妈妈和他人肯定赞许的观念。在婴幼儿阶段，成人眼中的淘气、调皮正是宝宝们好奇、探索，非常自然的事情，但是对于经常要面对不同个体的孩子来说，乖巧、懂事比淘气重要而有意义得多。如此乖巧、懂事的背后，其实是小宇在用一个超出年龄的成熟自体来面对他的环境和周围的人，而压抑了本性中的真实。童年那次走失的经历，更是让小宇潜意识中留下了缺少安全感的影子。

对于孩子来说，每变换一次环境，都需要不断地去调整和适应，转学、搬迁等这样的变化算是比较大的生活应激事件。在这样频繁变换的环境中，孩子会有自己的感受和想法，但是在小宇频繁变更生活环境的情况下，家人没有关注孩子内心真实感受和想法，反倒是孩子成人化的去尝试体会和理解家长的欣喜和感受。让小宇成为了一个内向、心重的孩子。在整个的成长过程中过分关注别人感受，总是认为别人的感受更重要的观念让小宇逐渐地忽略了自己的真实感受，或者认为自己的感受不那么重要了。

小宇的家人关系融洽，父母工作又非常投入，让小宇形成了父母不容易，不能给他们添乱、找麻烦的想法。更多地体谅家人，让小宇形成了报喜不报忧的状态。工作、生活中遇到困难或是困扰独自承受不告诉家人，而碰到事情时产生的不良情绪也不会和家人倾诉、交流。

爷爷的去世给小宇的打击非常大，亲人丧失的痛苦和无助让小宇无法面对，因此决定远离家乡来北京实习，这种不充分的决定，让没有离乡外出经验的少年，无法做足充分的心理准备，直接面对了人生地不熟的环境。没有处理好的哀伤加上新环境的压力，都是由小宇一个人独自面对，没处倾诉和宣泄。

在访谈中小宇曾经说过：“他觉得每次环境变化，最后好像总是留下他自己，感觉非常孤独。”这些负性情绪和工作中的压力都被小宇压抑在了内心，平时似乎也没有什么。但是在小宇为同学践行时，压抑已久的情绪，酒后爆发了出来，积压的情绪、情感都宣泄了出来，是偶然，也是必然。在第二天对方多人找上门时，小宇的恐惧、孤独、无助感达到了最大值，当人处在消极的激情状态时，由于认识范围缩小，理智分析能力受到抑制，自我控制力减弱，不能正确评价自己行动的意义和后果，从而实施触法的行为，这即是激情犯罪。在此次事件中有因对方伤害小宇的突发和急迫性，但同时也有小宇负性情绪积压已久、无法释放的因素存在。

小宇在情绪管理上存在着一定的问题。人们在陌生环境中，因为彼此不了解，往往倾向于会先要找寻自己熟悉的因素，外出务工时不是找同学，就是找同乡，小团体意识会非常强，这也是生存本能和安全感的需要，要让自己在熟悉或者接近的团体中能够获得安全的心理满足。这样的心理动力，会让当事人在人际交往中简单、武断地做出不客观的判断，有些经过沟通，增加彼此了解是可以解决和改善的。在这样的问题出现时，小宇只是单纯地采取了忍让退缩和压抑情绪的方式面对，没有试图寻找可以利用的其他社会资源或支持。独自面对多方面的压力，不能有效、安全地释放压力和负性情绪，最后在饮酒后情绪爆发，引起后来的一系列事情。关注自己真实的情绪感受，有效积极的情绪管理是小宇在今后的工作生活中应该注意和学习的。

调查员寄语

小宇，你好。在走访你的时候，我深深地为你的“懂事”而心疼，你对他人内心感受的悉心洞察，以及你不愿意给别人“添麻烦”的初衷，都让我体会到你面对各种压力时的那种紧绷感。通过这次的事件，你能看到，你的爸爸、妈妈是完全接纳你，也非常爱你的。你现在处的年龄正是开始建立自信、自尊，渴望独立和自主的时期，这个时候的你希望能够脱离家长或权威，自己独立面对生活和工作中的方方面面，如同破浪的舰船，闯出自己的一片海域。

其实，你的爸爸、妈妈很愿意将他们的人生经验与你分享，做一张航海图，为你护航远行。在生活和工作中遇到困扰，别怕麻烦他们，问问他们有什么样的意见或看法，相互沟通，相互分享，你的爸爸、妈妈会很高兴为你扬起风帆。在这里，希望小宇以后能多学习一些知识和技能，多了解和利用周围的社会支持和资源，遇到问题，多角度思考，多方面寻求帮助，第一时间解决问题。安全顺利地扬帆远航，走出自己的一片海洋。

心理贴士

在中国传统的教育中，家长更愿意给孩子们立规矩，总是严厉而不苟言笑，希望孩子听话、懂事，别给别人添麻烦，从某种意义上也扼杀了孩子的本性，在情感层面拒绝了亲近，远远的、冷冷的，让孩子们总是敬畏，家长总是告诫孩子，谦让懂礼，先人后己……从来都没有让孩子学会体会自己的感受，也没有给他们表达的机会。

在整个人类活动中，情绪体验是非常重要的，情绪是个体对外界刺激主观的、有意识的体验和感受，具有心理和生理反应的双重特征。抛开这些生涩、拗口的专业解释，最直观的感受就是情绪对身体的反应，兴高采烈时的手舞足蹈、愤怒时的咬牙切齿、悲痛时的痛心疾首……孩子们在没有完全的社会化之前，所有的情绪体验更是直接而单纯的。大人们总是希望自己的孩子能够在第一时间就获得大众认可和赞许，比如前面提到的小宇，大人不断地夸奖，让内心逐渐忽略了自己的主观感受，认为淘气、不乖是不对的，不被爸爸、妈妈许可的，从而不能自然呈现和释放自己真实的情绪，这样的结果让小宇在实习生活中处处压抑自己的负性情绪埋下“定时炸弹”，在压抑到一定程度，就可能出现大的反弹和爆发。同时，这样长大的孩子，成年后总是会纠结于真实内在需求和社会赞许的矛盾中，体会不到快乐。

因为情绪的真实存在，决定了它不可能被完全消灭，但可以进行有效疏导、有效管理、适度控制。情绪无好坏之分，一般只划分为积极情绪、消极情绪。由情绪引发的行为则有好坏之分，行为的后果有好坏之分，所以说，情绪管理并非是消灭情绪，其实也无法消灭，而是用对的方法，用正确的方式，探索自己的情绪，然后理解自己的情绪，调整自己的情绪，放松自己的情绪。以适当的方式在适当的情境表达适当的情绪，就是健康的情绪管理之道。

谁之过

家庭是孩子健康人格成长的第一站，当未成年人触犯法律的时候，家长们在为孩子的犯罪行为痛心疾首的同时，是否思考过在他（她）们的成长过程中，您所给予的家庭氛围、亲子关系、沟通模式是否出现了偏差，是否在孩子错误观念和行为的形成过程中起到了助推的作用。

案情回放

2013年初冬的一个傍晚，东城区一个小饭馆中，张林（化名）正在津津有味地吃着手中的羊肉串，脚下已经东倒西歪地躺着四个空啤酒瓶。这时，一个学生模样的男孩走到张林身边，怯生生地问：“你是张林吧？外面有个朋友找你，要跟你商量点事！”张林抬头看他一眼：“他是谁呀，怎么不进来说？”学生模样的男孩应道：“他说是你朋友介绍的，听说你这人很仗义，有事想请你帮忙，饭馆里人多，有些话不好说，还是请你出来一下比较好。”张林站了起来，微醉的身体摇晃了几下，跟着学生模样的男孩走出饭馆。

走到饭馆对面的胡同口时，一阵寒风，使得张林打了一个激灵，酒醒了大半，感觉有点不对，回头想走时，已经被五个男青年堵进了胡同，其中一个年龄大点儿的青年说："哥几个，就这个人，那天把我打得够呛！"张林还没有反应过来，已经被噼里啪啦打倒在地，他在用双手来护头部的瞬间，一个木棒已提前一秒重重地打在他头上，一阵眩晕，热乎乎的东西从脑袋上流下。几个男青年有点慌了，年龄大点儿的青年朝张林屁股上狠狠踢了一脚说："你别装死，今天老子放你一马，看你以后还猖狂！"话虽说得狠，他们心里还是有些害怕，随后大家一哄而散。

那个学生模样的人叫王小宁（化名），十七岁，在某职业高中就读。晚饭时，他的一个发小说一个朋友有点事情要他帮忙，出于哥们义气，他二话没说就跟了出来，等到了现场才知道要替朋友打一个人，虽然有些害怕，但也不好拒绝。因为他年纪最小，看起来又面善，大家就让他去饭店把张林引出来，于是就发生了此次打架事件。王小宁因涉嫌寻衅滋事罪，被北京市公安局东城分局抓获后刑事拘留。

成长经历

王小宁出生在北京大杂院中的一个普通家庭，不到两岁的时候，母亲因病去世，奶奶把他抱走抚养。没过多久，父亲再婚，娶了现在的继母，听奶奶说父亲和继母每周会去奶奶家看他。三岁左右，王小宁回到父亲和继母身边，父亲和继母因为都有工作，就把他送到全托幼儿园（每周只能回家一次），三年内，小宁换过两家幼儿园。在幼小的他心里，认为是自己不乖，父母不喜欢他才送他去幼儿园。每次去幼儿园路上，他都会哀求父亲说自己会乖乖地在家，能不能不去幼儿园？但父亲回应的是冷冷的两个字：不行。在幼儿园里，他每天都在数日子，想着日子快快过，到了周末就可以回家了。

上小学的时候，王小宁学习成绩都在90分以上，得过不少奖状，同学不会的作业题都会来问他，父亲很为儿子感到骄傲，那段时间，也是王小宁最快乐的时光。升入初中，初一的时候，王小宁的学习成绩还算可以。初二开始贪玩，觉得学习没有用，特别是随着数学难度的增加，学习兴趣开始下降，成绩开始下滑。也是这个时候，他从邻居阿姨那里知道了自己生母的事情，再加上小弟的出生，原本外向的王小宁一下子“静”了下来。怪不得父亲那么狠心让自己去幼儿园，怪不得感觉和继母中间老是差点什么，怪不得奶奶有时会莫名其妙地说些自己不明白的话。这一刻他好像一下子明白了：原来自己是一个没娘的孩子，家人都不喜欢我！那一夜，王小宁第一次失眠了。

继母是外地人，在北京一家超市打工，因不是北京户口，在家里对丈夫唯命是从，对王小宁还算不错。自从生了小弟后，父亲和继母的注意力转向了小弟，王小宁内心很难过，但也很少向别人讲起，只有周末的时候喜欢回奶奶家里，在那里能感觉到家庭的温暖。随着学习成绩不断下滑，父亲对王小宁开始越来越失望，每次喝完酒回家，看到王小宁就来气，稍不如意就拳脚相加，有时继母阻止也会被打到。王小宁没有躲避，只有将身上的疼痛往心底压。一次偶然的机会，和同学去网吧玩电子游戏，在游戏中小宁体会到前所未有的快乐，游戏中自己是掌控者，自己是老大，没人敢欺负！于是他迷上了电子游戏，把父亲给他的早饭钱省下来到网吧上网，在虚拟世界中忘记现实。终于被爸爸发现，爸爸狠狠地揍了他一顿。这次暴打，让王小宁实在受不了了，他冲出家门，跑进被黑夜包围的街道，一个人漫无目的地走着，不知走向何方！“如果妈妈能够在世多好！她能让自己的宝贝儿子如此难过吗？”这时天上下起了雨，王小宁的脸上不知是雨水还是泪水，他实在走不动了，蜷缩在一个单位的门洞下面睡着了。他梦到了妈妈，那么慈祥，那么温暖！秋风吹起，把他冻醒，虽然是初秋，但他内心感觉到的是彻骨的寒意。

时间并没有因王小宁太多的不如意而停止运转，初三了，王小宁虽然个子长高不少，但相比同龄人来说属于发育迟缓，有一次在学校里，王小宁被一个大块头同学欺负，当他被打倒时，内心充满了愤恨但不敢反抗，他知道打不过对方，只能忍受，就像他面对爸爸的暴力只能忍受一样。但是，内心另一个声音响起：我一定要强大，让你们都怕我！从那以后，王小宁更“安静”了，在家里同父亲和继母的话也越来越少，学习成绩急剧下降。日子一天天地过去，王小宁的身体快速成熟起来，仿佛一夜之间长成了大人，青春期的萌动让他对生活有了新的希望和憧憬，他开始注意穿着和修饰，出门的时候要对着镜子照上一番。

王小宁一家四口人住在不到二十平米的房子里，他和弟弟睡上下铺，和父亲、继母的床只有一帘之隔，他感觉到前所未有的压抑。随着认识的人越来越多，他的朋友圈由同学向社会扩展，经常和朋友们出去玩耍，有时几天不回家住，胡同内狭窄的街道上经常能看到他和朋友们骑摩托车飞驰而过的身影。看到儿子的变化，父亲开始担心，感觉到王小宁越来越难管，武力已经解决不了问题了，为了能拴住王小宁的心，父亲给他买了电脑可以在家上网玩游戏，有什么事情也开始静下心来和王小宁交流了，随着父亲态度的变化，王小宁到网吧上网的次数减少了，在外面过夜的时间也少了，和继母、弟弟的关系也好了很多。

初中毕业后，王小宁不想上高中，由于喜欢画画，父亲给王小宁找了一个职业学校学习绘画，上了一段时间后，王小宁说不喜欢所学的专业，停止了学习在家休息。也正是在这段时间，发生了打架事件。由于当时王小宁未满十八周岁，属于未成年犯罪，在法院没有量刑前，王小宁可以取保候审，日常生活和学习不受影响。父亲为他又找了一所职高学校，并按他的意愿选择了自己喜欢的专业，在随后的一年里，王小宁的学习成绩一直保持优秀，和老师、同学的关系处得很好，在班里担任了班干部，还代表学校参加了北京市的演出。

分析解读

综观王小宁的成长经历，早年母亲的丧失、扶养人的频繁更换、全托幼儿园的托管、父亲的家庭暴力、家庭亲情的缺失，对王小宁健康人格的形成影响较大。

母亲去世时，王小宁不满两岁，正是处于母婴依恋最重要的阶段，婴儿对母亲的依恋是任何人无法替代的，对儿童的安全感的形成极为重要。虽然奶奶在母亲去世后，对王小宁无微不至的关怀也是一种母爱缺失后的补偿，但这种关爱只有一年多，王小宁被奶奶送回到了父亲和继母身边，并且被“扔”到了一周只能回家一次的全托幼儿园，对于一个安全感还没有建立起来的幼儿来说，要离开亲人适应这样一个陌生环境是何等困难，更何况在三年内换了两个幼儿园，一次次地被遗弃，加剧了幼儿内心的不安全感。

上小学了，终于可以和父亲一起生活了，王小宁像一个乖乖孩儿那样好好学习，赢得了父亲对他的欢心。但好景不长，当孩子贪玩的天性暴露出来并学习成绩下降后，自己生命中最亲的人，不允许孩子有丝毫差错，稍不顺心就会大打出手，王小宁内心刚刚培养出来的自信心被打得荡然无存。

当得知母亲已经过世的事实时，对王小宁来说不亚于晴天霹雳，虽然王小宁只是用“当时有点难过”轻描淡写，但可以想象母亲去世的消息对孩子内心冲击有多大。这次事件，让他感觉家人对他的种种态度好像都有了答案，因为他是一个没妈的孩子，是一个没有人疼的、大家都不喜欢的“坏”孩子。

王小宁终于开始变“坏”，到网吧玩电子游戏，因为那里有他的世界，在那里他可以开心、快乐，可以不看别人的脸色，可以忘却内心的痛。当父亲的惩罚来的更严厉些的时候，他开始用离家出走的方式进行反抗，对权威进行挑战，他知道父亲还是在乎他的，只是恨铁不成钢而已，他知道他的出走会让父亲感到不安，他学会了报复。

在学校被同学欺负后，他在默默忍受的同时也下决心要强大起来，这种强大不是内心力量的强大，而是想到通过到社会上结交朋友，让朋友们为自己撑腰，看谁还敢欺负我！于是开始经常有家不回，和一些社会朋友在外面干一些他们认为的大事。

随着王小宁年龄的增大，父亲对他的态度发生了转变，发现以前的拳头政权已解决不了问题，于是改变方法，给王小宁买电脑、配手机，对于他们这样的家境，父亲也算是够破费的了。这个在父亲眼里的“坏”孩子，随着父亲态度的转变也开始发生变化，不再那么痴迷电子游戏了，不再那么想逃离家庭了，感觉回家也挺好的，感觉带着弟弟一起玩耍也是挺有乐趣的。虽然这一切来得有点晚，但对于王小宁来说已经是很受用了，特别是有过这次打架事件的教训后，他感觉到了家人对他的帮助，认识到了最能依赖的还是家人，就像他说的“父亲是最亲我的”。

在王小宁看来，和奶奶一起的时光、上小学时期、打架事件发生后在职高的学习，这些是最让他留恋的日子，因为这些时候有奶奶对他的爱，有家人的理解，有老师、同学对他的认可。

调查员寄语

王小宁，你好，在你的社会调查走访过程中，我的内心情感随着你故事的发展而跌宕起伏，当你讲到奶奶抱着你走的时候，我好像听到了婴儿的啼哭；当你在幼儿园翻着日历数日子的时候，我好像看到你感觉被遗弃的恐慌；当你知道自己亲生母亲已不在时，我的内心像被什么东西堵得难受；当你讲到被父亲暴打时，我为你不平，为你愤怒；当你离家出走彻夜不归时，我为你担心！

虽然，你有种种成长的不幸让我动容，但不能抵消你所犯下的错。在和你的父母访谈时我深深地感到，这次事情的发生，让你和你的家人的距离一下子拉近了，你们在齐心合力，共渡难关。从你父亲的讲述中，能够感觉到他对以前对你的教育方式不当感到忏悔，从他的泪水中能够感觉到对你深深的情感。你的继母，在嫁给你父亲后就承担起做母亲的责任，她尽可能地做好一个母亲应尽的职责，当发现有了小弟你的变化后，她格外小心对你，尽管家里经济不宽裕，她也会时常给你买好吃的，你父亲打你的时候她会阻拦，有时自己还被打到！你手机丢失后给你换新手机，以至于小弟都说母亲偏心哥哥。

虽然这次跟头摔得有点大，值得庆幸的是，在犯错后，你没有消沉，你在用你的行动证明自己。在学校老师的走访中，老师一再表扬你在学校的表现，不但学校成绩保持优秀，业余时间乐于帮助同学，并发挥自己画画的特长为班级做板报，你也说要好好学习，以后找个好工作，让父母过上好日子。我相信，你有能力在以后的生活中不断完善自己，感恩亲人，回报社会。

心理贴士

未成年犯罪，主体是青少年，但犯罪原因的背后往往是和家庭的生活环境关系密切。心理学家阿德勒在他的心理学著作中曾说过，青少年犯罪的家庭成因有两种：一种是对孩子太过溺爱，使得孩子完全以自我为中心，心里没有别人，为了一己私欲不择手段，不惜以破坏社会秩序来达到自己的目的；另一种是被忽略、情感缺失，特别是在暴力环境下成长的孩子，他们无法培养与别人建立合作关系的能力，无法在生活中找到能够激发他们兴趣的事情。

王小宁原本出生在一个完整的家庭，但妈妈太早过世使得这个家庭失去了平衡，虽然父亲很快再婚又恢复了原有的家庭结构，但由于继母是外地户口，嫁给父亲时内心感觉是高攀了别人，在父亲面前唯唯诺诺，对王小宁又是小心翼翼，生怕别人说后妈对孩子不好，继母内心的自卑感严重地影响了和王小宁建立正常的母子关系，让王小宁感觉不到真正的母爱。由于家庭经济条件一般，父亲也经常为不能给家人更好的生活条件而自卑，经常借酒消愁，把希望都寄托在儿子身上，希望儿子能够好好学习，活出个样！当儿子学习成绩下降时，他没有和儿子认真地沟通，了解儿子内心的想法，共同寻找解决问题的方法，而是通过严厉的管教、甚至是暴力的手段。

父母是孩子的第一任老师，父母和孩子的行为模式，直接影响到孩子健康人格的形成。一个被爱包围长大的孩子，他（她）回馈给社会的也同样是爱；一个在冷漠、暴力中长大的人，他（她）解决问题的行为模式也是冷漠和暴力。每个父母都望子成龙、望女成凤，我们是否想过，一个健康的体魄、健全的人格才是一个人立于社会不败的根本。我们在给予他（她）们生命的同时，是否也要教会他（她）们爱的能力、感恩的能力。

暴力下长大的孩子

“家庭暴力”像是社会家庭中的一颗“毒瘤”，许多人致力于此工作却无法清除这个“毒瘤”。在各种形式的家暴中，对幼小的孩子的家暴总是让人愤怒和心痛，长期遭受家庭暴力的孩子很少不出现心理问题。这种来自家庭和亲人的伤害会让孩子更没有安全感，也会极度愤怒和委屈，有时也会用暴力的方式触法。

案情回放

2012年夏天的北京某个夜晚，出租车司机李师傅把一位乘客送到指定的地方后，已是深夜零点了。李师傅点了点今天的收入，觉得还算满意，就做好收车的准备，往家的方向驶去。经过东城区的某个街区时，李师傅看见路边有两个男生伸手示意打车，停车询问后，他们要去的地方跟自己回家的方向一致，李师傅就让这两个男生上了车，他们一个坐在了副驾驶的位置，一个坐在了李师傅的正后座。

然而，接下来发生的事情是李师傅万万没有想到的，李师傅载着两人没开出多远的距离，坐在后座的男生突然开口向李师傅要钱，说是准备打台球及吃夜宵用。李师傅先是拒绝，谎称自己是刚从另外一位司机手里接的车，还没有收入。这时，坐在身旁的男生和后面的男生各自从包里拿出了刀对李师傅进行威胁，李师傅见状，有些害怕，不愿自己受到伤害，就拿出了几十块钱给了他们，他们拿到钱后一起下车了。下车后，两人觉得这样来钱也挺容易的，于是，当即决定再打一辆出租车如法炮制，他们刚上第二辆出租车准备要对出租车司机进行威胁时，一辆警车呼啸而至，原来刚才的李师傅随后报了案，两个男孩被警察当场抓获。

坐在后座的男孩叫李向（化名），才十五岁，一个十五岁的孩子为何会做出持刀抢劫出租车司机的犯罪行为？通过与李向的访谈，以及对李向父母的走访，我们慢慢还原了李向的成长轨迹。

成长经历

李向的父母都是从外地来京的打工者，在北京生活了很多年，李向出生在北京，也是家里唯一的男孩。李向父母从外地来京谋生，卖过早点、海鲜、水果，每月除了吃喝及房租最多能剩一两千元钱。爸爸起早贪黑地做生意，很少在家，回家时母子早就睡着了。李向小时候，妈妈一边看他一边卖水果，直到他七岁。他也曾经上过一年幼儿园，因费用高家里负担不起就不上了。小学时李向的学习成绩还是不错的，基本都是八九十分，初中后成绩就不算好了，初一、初二还写写作业，每门课程都在五六十分，初三之后成绩下降，也不爱写作业了。

李向的爸、妈文化不高，爸爸小学毕业，妈妈没上过学，不能在学习方面给予相应地辅导。李向描述说，爸爸平时不怎么管他，但只要他犯错了，就会遭受一顿暴揍。爸爸的脾气很暴躁，李向很小的时候，就经常被暴打。有一次爸爸用衣服架打他，把他的小手都打伤了；还有一次吃饭时，爸爸拿筷子猛戳他的嘴，把他的嘴唇上方打出一个口子，当时鲜血汩汩地往外冒。从小到大，李向挨打的次数都数不清，经常会被打耳光，或遭受锤子打。有时爸爸也打妈妈，一次甚至把妈妈的头皮都拽掉一大块。

李向在学校犯了错误，也不敢告诉爸爸，怕爸爸会暴揍他。

在爸爸看来，在教育孩子的问题上，打比说管用。李向初中时，经常被老师请家长，每个月都会有一两次。初三时有一次学校老师请家长，向家长反应孩子抽烟、喝酒，回家后爸爸买了一瓶二锅头，让李向一两一杯地喝，爸爸说让他喝个够，喝完就不揍他，喝不完就揍，后来李向喝了四杯，当然也还是挨揍了。还有一次，爸爸发现李向的口袋里有一包烟，就又狠狠地揍了他一顿。

除了遭受暴打，李向和父母的沟通也很少，父母常年忙于生计，基本不会和孩子有什么交流。上中学后，李向就几乎不和父母说什么了，更多的是和朋友在一起。从小李向和爸爸、妈妈在一起的时间就不多，小学时放学后会回家，和妈妈在一起的时间多一些，初中后，李向渐渐地不爱回家了，虽然父母经常叮嘱他放学后早回家，但说归说，他做归他做。有时候晚上也不回家住，但父母只要知道他在哪里住，就不会再多管他，只是嘱咐他们：在一块儿玩可以，不要惹事就行。上初三时，李向经常去一个离家很远的网吧，那里不需身份证，每小时2元钱。晚上回家也很晚，通常是10点多了。对于这些，父母也是知道的，他们觉得别在外面惹事就行。可是还是出事了，对于这次李向持刀抢劫出租司机的事情，父母也很吃惊，他们也没想到李向会在外面做这样的事。

分析解读

在了解李向成长背景及成长经历的过程中，调查员脑中不时浮现李向被打的画面，无论是幼小的他、儿时的他还是少年的他，一次次被爸爸暴打，这让我们感到震惊和愤怒之余，也在为他深深地担心。

李向的父亲在对待孩子的教育上采用了家庭暴力，这一极端错误的、严重影响孩子心理发展的行为，而更可怕的是，父亲心中的教育理念就是：说是没有用的，只有打才有用。也是在这样的理念下，父亲从不关心孩子心里的想法和感受，甚至从不去问问孩子行为的原因，只要李向犯错，有时甚至没有犯什么错，就会打孩子，有时还会暴打孩子的母亲，由此看来，他根本不是在教育孩子，而是在这个借口下，发泄自己暴躁的情绪。而家庭中的另一位角色——母亲，在孩子挨打时也不能有效地保护孩子，而且她连自己都保护不了。这样，李向从小开始，内心就会有着强烈的愤怒、屈辱、不被保护、不安全等糟糕的体验，而这些体验严重影响他和父母的关系，也严重影响他的心理发展。

从李向的成长经历可以看出，他不可能与父母建立直接有效的良性沟通，他的父母几乎从没有想到过要顾及孩子的感受。父亲用简单的、完全不尊重孩子的、暴力的手段“教育”孩子，带给孩子的是强烈的屈辱和愤怒。随着孩子的年龄增长和这些情绪的长期压抑，孩子自然会在心里疏远父母。事实上，也越来越不愿回家——那个没有起码的尊重和理解的地方。当他产生自尊与自立的愿望时，从小遭受的暴力会让他对父亲的管束与打骂出现强烈的反感、对抗甚而用其他方式如触犯法律来报复。

同时，李向的父母自身文化程度低、生活清贫，以及自身的情感能力较差，使李向没有接受过良好的家庭教育和情感、道德品行的教育。像李向这样父母疏于管理的孩子，在社会行为规范、生活目标、个人志趣和理想、社会角色的认识、健全良好的人格特质等方面没有受到良好的教育及有效地形成，对网络游戏世界中各种利弊、风险的判别能力较差，容易受到诱惑而痴迷于网络游戏。在游戏的虚拟空间里能够找到一种欣快的心理体验，而长期如此会不满足于停留在虚拟空间里，像李向这样自控能力差、易受暗示的青少年，就容易模仿游戏里的情节，把游戏里的攻击性暴力行为转化为现实生活中的犯罪行为。

调查员寄语

李向，你好，听到你给我们讲述的成长经历，我们很是心痛。每个人都无法选择自己的父母，都有生命中的无奈，你在十几年的成长中，经历了一些可怕的场景，遭受了一些可怕的经历，犹如噩梦一般，如果需要，你可以申请心理帮助，帮助你宣泄积聚多年的愤怒和压抑，帮助你慢慢走出这些心里的噩梦。

然而，我们也惊喜地发现，尽管遭遇过家庭暴力，你在学校里仍有阳光、开朗的一面。我们去了你所在的中学，受到了老师的热情接待，虽然说你在校时有一些不良的言行和生活习惯，但老师们仍然在寻找你身上的闪光点。如迎接国庆庆典上坚持不懈地练队形、代表学校参加长跑获得嘉奖、篮球场上时常活跃着你那矫健的身影，无不给在校的师生留下深刻的印象。老师们都觉得你不是品行很差的孩子，听说你的事情，深深地为你感到震惊与惋惜。当老师们回忆着你的闪光点时，我们的脑海里不时地闪现出一位健康、活泼、开朗的阳光男孩，想到你曾经受到的来自家庭的伤害，也在为你心理的韧性暗暗喝彩，希望你继续你的坚强，用勇气去驱散生命中的阴霾。

这次的事情后，你也留下了悔恨的泪水，当我们把调查结束时你所说的话——我对不起我的父母，感到非常后悔，出去以后一定要好好地孝敬父母——传达给你的父母时，他们几次动情流泪。虽然说父母在对你的教育上有很多错误和欠缺，但也不能否认，他们在心底是爱你的。能够感受到这份爱，会帮助你走出曾经的伤害。

心理贴士

家庭暴力，是谁也不愿看到的社会现象，尤其是针对家庭中的弱小者——孩子的家庭暴力，总是令人愤怒和心痛。童年时经历被暴打、虐待是非常可怕的体验，尤其是长期地、不断地发生的暴打，对孩子身心的摧残都非常大。很少有长期经受暴打还能心理发展健康的孩子，暴打和虐待带给孩子的心理体验是灾难性的，是强烈的心理应激，孩子会体验到极度的恐惧、强烈的愤怒、委屈以及不安全感，这对孩子的心理都是严重的伤害。带着这样的经历长大的孩子，要么是心理发展阻滞不前，有畏缩、自我封闭的倾向，也无法发展正常的人际能力、意志品质，终身生活在恐惧的阴影下，时时感受到痛苦；要么是在长大后，把遭受到的暴力还给社会，还给他人，碰到任何问题时总喜欢用暴力解决，同时自己内心的创伤感也很重。无论是哪种情形，都带着严重的心理问题和情绪问题，通常需要专业的、长期的心理治疗。

而对于家庭暴力的实施者来说，通常也是有着儿时被暴打的经历，他们虽然是施暴者，也是曾经的受暴者，内心也有着创伤，这样的创伤靠自身较难治愈，所以，他们通常脾气暴躁，在某些特定情境下，在亲人面前无法控制情绪，会一次次实施暴打行为。虽然，在实施暴打后有些人也会极度懊悔、内疚，但当又一次碰到类似的情境时，仍然会实施暴打行为，对家庭中的下一代又会造成创伤，如果没有有效的心理治疗来疗愈内心，创伤和暴力会在家庭中代际相传下去。

始终缺失的父爱

前段日子一档节目《爸爸去哪儿》在社会上热播，亿万观众都被爸爸和孩子之间的互动所吸引和感动。而现实中对于一些孩子来说，爸爸不知道哪儿去了。父爱的缺失是一个严重的社会问题，尤其对于男孩，父亲本应是孩子未来成为男子汉的模板。这份空白，让孩子难以形成比较完善的人格，很容易形成心理问题并滑向犯罪。

案情回放

2013年5月17日晚，工人体育馆附近依然灯火通明，在宽阔的大街上，有几个少年正在路上游荡。从他们稚气未脱的脸可以判断出，他们都是还在上学的年纪。但旁人想不到的是，这四个看起来稚嫩的少年，正在谋划着一桩抢劫案。

在四个少年当中，身材稍微高一点的那个名叫成浩（化名），和他一起的三个人都是他认识的、在一起玩的“朋友”，四个人都已辍学，是社会上的无业游民。几个少年不想回家，打算去工体附近的夜店玩上个通宵，可偏偏之前还打工的成浩和袁长海（化名）都辞掉了工作，他们从家里得到的一点儿零花钱又不够几个人挥霍，于是他们有了抢劫的打算。

几个人简单地商讨之后，走到了一个相对偏僻的小路上，等待着“猎物”的出现。很快，一位衣着入时的年轻女士走进了他们的视线。这位女士姓谢，是一位在国贸附近工作的年轻白领。当晚，谢女士应好友之邀，到工体附近的酒吧和朋友小聚，聚会结束之后，谢女士与朋友道别，正打算去开自己停在小路上的私家车。谢女士完全没有意料到，就在这条小路上，正有几个少年在物色抢劫的对象。就在谢女士经过成浩几人身边的时候，几个早有准备的少年围了上来。成浩从自己的包里掏出一把折叠刀，威胁谢女士交出身上的钱财。在威胁之下，谢女士惊恐万分，赶紧交出了自己手提包里的2000元现金，成浩又拿走了谢女士的手机，让谢女士松了一口气的是，几个少年并没有进一步做出为难她的举动，在抢劫成功之后就很快离开了。惊魂未定的谢女士开车到派出所报警，根据谢女士提供的线索，三日后，成浩等四人被东城区警方捉拿归案。因涉嫌持械抢劫，成浩等四人被东城区检察院提起诉讼。

成长经历

作为抢劫案的主使者，成浩有不可推卸的责任，为什么成浩在该上学的年龄没有在学校好好读书，而是最终走上了犯罪道路呢？这与成浩的家庭环境及成长经历是分不开的。

成浩出生于北京，出生不久成浩的父母便结束了两个人之间短暂的婚姻。成浩小时候没有见过爸爸，懂事了之后妈妈才告诉他原因。成浩的妈妈是1968年出生的，初中文化水平，一直没有什么正式的工作。后来做了邮递员，收入也很有限，经济方面还要依靠姥姥、姥爷的退休金。父母离婚时，正赶上两个人都下岗，生父也没有给过成浩生活费，离婚后父母几乎没有联系，成浩也基本没有什么关于父亲的印象。成浩三岁时，有一次在街上错认了别人为自己的爸爸，也许在他幼小的心里，他曾勾勒出爸爸的形象。仅有的一次，是成浩五岁生日的时候，爸爸送来过一个蛋糕，但也不是亲自送来，是让出租车司机送上楼的，此后，再没有了音信，成浩甚至不知道父亲的名字。

成浩从小跟妈妈、姥姥、姥爷长大，姥姥、姥爷都是工厂的工人，朴实、节俭，性格也非常温和，从没和人发生过冲突。成浩小时候与家人的关系比较好，没有什么隔阂。小时候，成浩的体质比较差，经常生病，在生病的时候，有姥姥、姥爷和妈妈三个人的细心照料，在成浩的记忆中，虽然没有父亲的身影，但幼年自己的生活是温馨而幸福的。

五岁的时候，成浩的妈妈再婚，继父住在朝阳区，就把成浩的户口也迁到了朝阳区。在这一段时间，成浩和妈妈离开姥姥、姥爷，到朝阳区上小学，和继父一起生活。继父家里有一个男孩，比成浩大两岁，小学时就带着成浩去过网吧，成浩后来一直喜欢玩电脑。开始继父对成浩和妈妈都不错，后来因为管教双方孩子的问题，妈妈和继父经常吵架，成浩的继父是工人，大嗓门，人不坏，但是教育方式简单、粗暴，动辄对孩子拳脚相加，继父打孩子时，母亲大多时候选择回避。以前成浩在家里的时候没有受到过妈妈或者姥姥、姥爷的打骂，因此，在和继父生活的几年里，成浩对继父感到害怕。因为一些小原因，成浩常挨继父的打，多的时候甚至每天都挨打，最少的时候也每周一次。成浩感觉继父打哥哥就少一点儿，但是也打。因为常常挨打，成浩就对继父逐渐产生了反感。成浩的妈妈有时会照顾继父孩子的感受，对继父的孩子关注会多一些，对成浩的感受反而有些忽视。这让成浩觉得自己不如继父家的哥哥受家庭的关爱。在这个阶段，成浩和妈妈的关系也不太好了。

成浩小学四年级时，妈妈的第二段婚姻也走到了尽头。对于妈妈和继父婚姻的失败，成浩当时并没有感到难过，因为继父当面打过成浩的妈妈。当时继父喝多了酒，不知道是什么原因，是和另外两个人一起动的手。成浩当时还小，只能在旁边哀求但无计可施，这件事之后没多久妈妈和继父就离婚了。

成浩小学时成绩总体还算不错，只是在小学五年级时学习成绩略有下降。在学校里也比较受老师喜欢，成浩很喜欢体育老师，因为能一起玩，一起打篮球。成浩上学的时候获过不少奖励，中学连续三年在朗诵比赛获奖，也曾经当过三好学生。初中考试拿过前三名，语文曾经获得过年级第一，家里现在还有很多奖状。

初二下学期，成浩因为被高年级的学生劫钱，就找自己的伙伴把他打了，对方的家长后来把这件事情告诉了老师，成浩觉得自己很冤枉。后来因为打架、不写作业、不参加考试等原因，学校把他转学到了工读学校。成浩以前对语文课还比较感兴趣，到了工读学校，也逐渐变得不爱学习了。

高一开学没几天，实在无心上学的成浩从工读学校辍学，成为了无业游民。正是青春年少的成浩在家里待着觉得很闷、没意思，就经常出去。就算是下雪、下雨成浩也愿意出去，因为这样能和朋友聊聊天，玩玩摩托车。成浩曾经短暂打工，但因为工作很累，也不适合就没有继续上班。大多数时间里，成浩都是和几个已经辍学的朋友一起混。成浩在初中时是比较胆小的，但随着和不上学的这些朋友接触的越来越多，成浩也逐渐发生了变化。成浩希望自己能在朋友当中“拔尖”，获得同伴的认可和尊重，所以，后来有什么事总是冲在前面。

成浩的家人也曾经试图阻止成浩与其他不良少年的往来，但妈妈和成浩之间沟通困难，平时成浩在家的时候，妈妈通常在上班，而妈妈在家的时候，成浩又出去了，有时连面也碰不到。随着成浩的年龄增长，妈妈逐渐对他失去了控制力。姥姥、姥爷年岁已高，身体也不好，没有更多的精力管教成浩。成浩说很喜欢姥姥、姥爷，但是觉得和老人之间缺少共同话题，也觉得老人有些唠叨。犯错之后，成浩才开始意识到，自己希望的是一种平平淡淡的生活，希望能依靠自己的力量担负起家庭的责任，照顾好老人。这本是妈妈对成浩一直以来的期望，成浩希望自己可以在未来努力做到。

分析解读

纵观成浩的成长历程，我们可以看到成浩曾经的优秀。在校期间，成浩拿过不少奖励，初中的时候还曾经是三好学生。虽然后来成浩不太愿意学习，但也不难发现，对于自己感兴趣的课程，成浩愿意学习也可以取得很好的成绩，他的语文成绩还曾经是全年级第一。这样一个孩子最终走上犯罪的道路，不能不让人感到惋惜。究竟是什么在影响着成浩，导致他在偏离常轨的道路上越走越远呢?

不可否认，亲生父亲对成浩从没有尽过做父亲的责任，这对成浩影响很大，和孩子母亲分开并不代表可以放弃做父亲的责任。成浩的父母离婚之时，成浩还非常年幼，对于父亲的缺失并没有明显的感觉。随着成浩逐渐成长，问题还是逐步显现。虽然成浩在表面上看来并没有表达出对父亲太多的思念，但从成浩曾经在三岁时在街上错认别人为自己的父亲这件事来看，在成浩的内心深处，他仍渴望着父亲的出现和来自父亲的爱。只是随着时间的推移，这种渴望并不能被真正满足，成浩对于父亲的感情也就由爱转恨，表现为不愿意提起生父，也不愿意再去寻找生父，被生父抛弃是他心底的一个伤疤，虽然不愿提起，但却是永远的痛，随着年龄的增长，创伤没有被处理和弥补，对他的人格发展是有影响的。

父亲的角色对于男孩的成长是重要的，在孩子五岁之后，父亲要更多地教育他服从规则，而孩子也要从父亲那里学习到勇敢、坚韧的品质，要认同心目中的父亲形象。成浩的早年经历中父亲的缺失，使成浩缺乏了适合的认同对象。成浩小学时很喜欢体育老师，因为体育老师能够和他一起打球，能玩到一起，可以看出他在无意识地寻找有着父亲形象的人去亲近，来满足内心的需求，而这种陪伴，本应该在很大程度上来自于父亲。同时，对成浩来讲，父亲给他留下的，只有冷漠和不负责任，这对于成浩自己的责任感建立有明显的负面影响。

从成浩的母亲来讲，她能够意识到缺少父爱给成浩带来的问题，她也曾希望通过自己再婚重组家庭来给予成浩一份父爱。但非常遗憾的是，这种好的愿望并没有带来她所期待的结果，在成浩的成长道路上，和继父共同生活的五六年里，他并没有从继父那里得到父亲般的关爱，反而开始了被打的经历。更糟糕的是，非但从继父那里得不到关爱，成浩还一度认为自己的母亲更关心哥哥而冷落他，与母亲的感情也疏远了。缺乏爱的滋养，成浩的心理发展开始出现偏差。

从成浩的成长经历不难看出，成浩一些问题行为的形成，与继父和再组家庭脱不开干系。成浩最早对于吸烟的尝试，就是出于对继父的模仿。而继父简单、粗暴的教育方式，孩子之间相互比较的心理以及继父最终对母亲实施的暴力行为，都给成浩的心理蒙上一层阴影，成浩的性格和行为开始逐渐偏离常规。母亲和继父离婚后，成浩的问题开始显现，在学校成绩下降，说明又一次的家庭破裂，对于成浩心理的潜在影响。首先，在成浩成长的道路上，向男性的认同再一次失败，这对于成浩能否在未来建立一个正常男性的意识是非常沉重的打击。其次，在对待双方孩子的问题上，成浩的妈妈采取了忍让的态度，这虽然从理论上讲有助于家庭的和谐，但对于年幼的成浩而言，则会带来被抛弃的创伤。通过与继父家哥哥的比较，成浩很容易认为妈妈是更爱继父或者哥哥，而不够关心自己，这就难免在成浩的内心深处带来强烈的不平衡感。再有，继父拳脚教育的方式和醉酒后的家庭暴力行为，让成浩的内心深处抱有很强的恐惧感，而无法帮助妈妈也让成浩深深地感到无力。为对抗这种恐惧，成浩难免在未来的发展中更倾向于通过暴力对抗来解决问题。

此外，在始终缺少父爱的时候，母亲与成浩的沟通也存在问题。成浩自小和母亲生活在一起，在成浩渐渐长大，需要母亲的教育和引导时，母亲的做法是有缺失的，母子之间的沟通很少，真正意义上的交流和谈心几乎没有。而过大的年龄差，也导致成浩和姥姥、姥爷之间虽然有亲近感，却缺少可供交流的共同话题。这些原因，都会让成浩更容易去同龄人身上寻求认同感。成浩希望自己能够得到伙伴的认可和尊重，造成的结果就是在偏离常轨的道路上越走越远。

调查员寄语

成浩，你好。了解了你的家庭情况，我为你不幸的经历感到痛心，妈妈的两次婚姻，对你而言都是沉重的打击，无论对于生父还是继父，都让你心生恨意。你在怨恨生父不负责任地抛弃了你，也在痛恨继父对你的粗暴。但我们能感觉到，你本质上仍是一个单纯、善良的孩子，你的行动，只是在尝试着发展你自己，寻求社会和群体的认同。你的妈妈也希望能够给予你更多的爱，虽然有些事情她并没有太多地管教你，也是因为她认为你已经长大，能够比较好地控制自己，做好你自己应该做的事。你也已经体验到妈妈对你真正的期望，那也是你内心深处希望达成的目标，如有机会，不妨尝试和妈妈再做一些沟通，去体验妈妈给你的爱，也告诉妈妈你作为一个男子汉，有能力去承担你应负的责任。

心理贴士

在我们今天的社会，离婚家庭数量在不停地增加的同时，重组家庭也逐渐增多。对于一些重组家庭来讲，双方可能都带着自己的孩子，从一方面来讲，每个人都希望有一个完整的家，尤其是对于单身父母来说，也希望通过重组家庭，给孩子带来原本缺失的温暖，但另一方面，重组家庭毕竟是两个家庭的融合，这绝非一个简单的过程，它是否真的能够给双方带来期待的结果呢？

从成浩的例子来看，家庭的重组并未能给他带来温暖，反而给成浩的心理蒙上了几层阴影，这是非常让人痛心的。在这里，我们需要提醒那些准备进入重组家庭的单身父母，重组家庭需要面对的问题非常多且复杂，需要谨慎对待。从这个案例中不难看出，重组家庭对于孩子的心理发展至关重要。在考虑重组家庭的时候，单身的父母们应该注意哪些问题呢？

首先，选择重组家庭的父母们都已经经历过一次创痛，那么第一需要考虑的，是这段新的婚姻关系是否适合，是否可以比较好的维系。如果婚姻再次失败，即便对方对待孩子很好，还是会给孩子带来二次创伤。

其次，教养方式对于孩子会产生很大的影响，双方应该对彼此的教养方式有所了解，看看是否能够达成一致意见。在教养方式上的冲突，常常是双方矛盾的来源。新家庭的教养方式与原有的教养方式差距太大，也有可能给孩子带来种种问题。

第三，尤其对于双方都有子女的重组家庭，需要谨慎的保持平衡，随时关注孩子的变化和心理需求。毕竟双方的子女没有血缘关系和感情基础，更容易相互比较。一旦比较分出明显的不同，就会让弱势的一方产生被抛弃感。切忌为了维持家庭完整而过度忍让，处处照顾对方的孩子而忽视了自己的骨肉，这种做法可能确实有助于保持关系的暂时和谐，但却有可能给孩子带来难以弥补的心理创伤。

重组家庭能够给予孩子一个相对完整的家，但这种选择也有一定的风险。我们也必须认识到，对于爱的缺失是造成孩子心理问题的主要原因，想要弥补孩子的创伤不能单纯依靠一个形式上的家庭，而是需要父母成熟、健康的情感付出。

我是领养的孩子

自古以来，就有许多出于各种原因领养孩子的家庭，这样的故事也不少。对于孩子来说，无论是亲生的还是领养的，他最在意的是父母是否真心爱他，是否和他真诚相见。而对于父母来说，真正地在心底把孩子视如己出，那就不能亲疏有别，更不能因“顾忌孩子的想法”而放纵和溺爱。

案情回放

2012年春节过后的一天下午，三点左右，北京东城区的一间网吧内，老板坐在吧台里一边浏览着网页，一边不时拿眼睛瞟瞟网吧里上网的人们，网吧里人不是很多，都在低头看着电脑屏幕。过了一会儿，网吧老板起身去了洗手间，顺便活动活动筋骨。

就在老板离开之后，一个上网的少年迅速站起了身，快步走向吧台，他四下看看，好像别人都在埋头上网，没有人注意到他，他钻进吧台快速拉开抽屉，将里面的一沓现金抓起放进自己的衣兜，然后很快地消失了。几分钟后，网吧老板回来了，他习惯性地瞥了一眼吧台的抽屉，忽然警觉起来，他觉得抽屉仿佛被拉开过了，还留了一条很大的缝儿，他立刻拉开抽屉，果然，里面的3000多元现金不翼而飞了，老板“唰”地冒出一身冷汗，他四下看看，好像少了个上网的人，但具体是哪一个，他一时也想不出来，愣了几十秒钟，他才回过神来，迅速拿起电话报了警。不一会儿，警察来到网吧，通过查看监控探头的录像资料，很快清楚了嫌疑人的作案过程，几个月后，十七岁的张继祖（化名）在另一个网吧被抓获。

张继祖不是北京本地人，小学毕业后只身来到北京投奔开工厂的小姨和小姨夫，一年多以前，又离开他们的工厂，独自在京漂泊，过着游荡的生活。在各种管理不严的小工厂、餐馆打工，微薄的薪水都贡献给了网吧。本案发生在他常去的网吧里，因为是熟客，也从没有拖欠或赊账的情况，老板对他比较放心，平时还开开玩笑什么的。这天他买水的时候，偶然看到款台内大量的现金，因为过节期间手头比较紧，就动起了歪心思。回到自己的电脑那里，也不能全情投入游戏了，眼睛总是控制不住地往款台那边瞟。终于看到老板起身去洗手间，就发生了开头的一幕。

成长经历

在看守所里第一次见到继祖，那空洞的眼神，似乎隐藏着很多不为人知的故事，不由在内心升起很多问号。对于我们的发问，他通常是“不知道”“没想过”，甚至仅仅是沉默。与他的访谈时间是有限的，我们只好带着诸多问号离开，继续到其家人处寻找答案。几经跋涉，终于在异地一间医院的病房里见到了继祖的父母，一对老实巴交的农民，特别是病床上的母亲，朴实而无助。在父母的诉说中，我们心中的问号，终于连成了一个完整的故事。

1994年10月，一个未婚妈妈诞下一个男孩儿，这在农村可是一件有辱门风的大事，婴儿落地后的啼哭撕心裂肺，仿佛在向世界抗议着什么。那时张继祖的父母刚生下第二个女儿没几个月，全家人都沉浸在没有儿子的巨大失落中。一个亲戚想到娘家村里那个未婚生下的男孩儿，建议张氏夫妇领养过来，就算是他们的孩子，这样老张家也算有条根了。于是，张家有了梦寐以求的男孩儿——张继祖。父母视若掌上明珠，邻里等知情人也都知趣地对其身世避而不谈。

小继祖就这样快快乐乐地在父母的宠爱、姐姐们的呵护之下到了上学的年纪，因为聪明、听话、学习好，也深受老师、同学们的喜爱。一天，因为一点儿小事继祖和同学闹矛盾，甚至动起了手，这在男孩儿之间也是司空见惯的，可对方情急之下，说了句：“你是张家抱来的，是没人要的野孩子。”短短一句话，在继祖心里炸开了锅，“我是抱来的野孩子?”“这不可能!绝不可能!”“爸爸、妈妈那么宠我，这绝对不是真的!”事情表面上就这么过去了，同学这句话却在小继祖心里留下了深深的烙印。

“我真是抱来的吗?”“爸爸、妈妈不是亲生的?”这个念头像恶魔一样在他心头盘亘不去，心思没法放在学习上，成绩开始下滑。老师为此多次找过家长，要家长多督促，不要掉队。爸爸、妈妈为此非常着急，也很生气，回来会嚷他、凶他，却从来没有动手打过他。继祖想想，从小到大，即便是脾气暴躁的父亲也从来没有动过自己一根指头，母亲甚至还对自己特别好，即使犯了错误也不深说。本来还以为自己是家里唯一的男孩儿，所以，在家比较受宠，可是村里其他男孩儿在家也没少挨揍，家家指着男孩子当家立业，光宗耀祖，所以管得更严。为什么自己家会是这样?难道我真是抱来的?就因为我是抱来的，所以和别人家的男孩不一样，他们不用费心管教我，反正我好坏和他们老张家无关。想到这点，继祖不由悲从心生。

妈妈看出他似乎有些不对劲，先以为是请家长的事情，怕孩子心重、难过，反而加倍对他好，故意多做一些他爱吃的菜，这更让继祖心里不好受，觉得妈妈好像很“见外”似的。一段日子过去了，见继祖还是这样，妈妈心里更着急了，又不知怎么办才好，只好直接问孩子有什么不对劲。继祖不知该说什么，鬼使神差地冒出一句：“我是你们亲生的吗?”听到这话，妈妈一下子愣住了，良久才回过神来，“当然，不是我生的还是拾来的吗！快去写功课吧，别老瞎琢磨了。”说完，逃也似的去了厨房。当晚，父母在房里犯了愁，这件事全村人都知道，保不准有多嘴的，现在孩子也懂事了，要不要告诉他？最终，夫妇二人决定等孩子再大些，成人了再告诉他，现在只有对孩子更好一些来打消他的疑虑。此后，不仅妈妈，暴躁的爸爸在继祖面前也和颜悦色起来。

面对这些变化，敏感的继祖心里有了初步的答案，就去找表哥验证，面对突如其来地询问，一向诚实的表哥尽量自然的表示：你就是这个家的孩子。然而，这种刻意的掩饰没有逃过继祖那双聪敏的眼睛。家人不说，就去问村里人，这次他选择了村里长自己几岁的一个姐姐，她人很善良，人缘也好。在她那里疑虑终于得到了证实，原来自己真的是张家抱来的！这个结果好像一记闷棍，瞬间蒙了，甚至姐姐后来说的那些话“他们是真的拿你当亲儿子，将来还指着你养老送终呢。我们外人看起来，他们对你也是非常好的……”之类的话全都没听见。继祖来不及说再见就狂奔了出去，剩下那个姐姐独自愣在那里，忽然意识到什么，赶快回去告诉继祖爸妈。

在村外游荡了许久，子夜时分，夜色如墨，温度转凉，带着冰冷而沉重的心，继祖回到了这个生活了十几年的家。因为有了心理准备却不知该怎么办的父母，此刻他们内心的慌乱不亚于继祖，还有那份不知如何表达的关心和爱。见他回来，到嘴边的话却只有一句“不早了，快去睡吧！”躺在床上，继祖心里更加失落，他觉得原来一切的希望、想法、对未来的计划与憧憬，一下子都失去了着力点，灰飞烟灭了。此后村里的网吧经常出现他瘦弱而孤寂的身影，仿佛只有在游戏的世界里他才能感觉到自己的存在。

终于有一天，继祖对父亲说，不想念书了，想进城打工。父亲认为他没有文化，年纪又小，进城啥也做不了。继祖表示可以到亲戚家的厂里做小工，起码可以养活自己，反正书是读不下去了，与其这么混日子，还不如去工作。父亲沉默了一会儿，只好同意，不过约定好再等半年，小学毕业以后再走。终于拿到了小学毕业证，其他孩子都在尽情玩耍，期待初中生活的时候，继祖独自踏上了北上的列车，车站那头，小姨和小姨夫在等着接他。

在小姨夫的工厂做小工，日子倒也轻松。他干活不惜力，深受工友们的欢迎。只是工资都由小姨夫帮着保管，每月只给一点零用钱，其余的都存到了用他名字开的银行户头上，说帮他攒着，过几年好讨老婆。两年的时间，飞也似的过去了，平淡而麻木的日子里，网游是他唯一的乐趣，每月那点零花钱都贡献给了网吧老板。十五岁生日后，他拿着小姨给的500元钱，不辞而别。因为能吃苦，在各种小工厂、餐馆找点活儿，维持基本生活倒也不成问题。但是在没有目标、没有动力又无人督促的情况下，艰苦的生活是很难让人心甘情愿过下去的，他总是干一两个月就出去游荡一阵子，生计无着落的时候，再找点活儿干，这样的日子一直到案发前。

分析解读

在继祖的成长经历中，知道自己是被领养的这一事情是一个重大的转折点。当他得知自己是被父母领养的，而非是这个家亲生的孩子时，很自然地会想到父母是否是真的爱自己，真的爱这样一个没有血缘关系的自己。当继祖知道自己的身世——这一始终被家人隐瞒得很好的秘密后，对于一个没有什么人生经历的十岁的孩子来说，无疑是一个很大的冲击，但是，如何陪着孩子度过这个心理上的应激事件，是最重要的，与其说是继祖是领养的这一客观事实对孩子造成了沉重的打击，不如说是父母在处理和面对这一事情中很多不成熟的做法，导致孩子出现后面的问题。

当孩子对自己的身世产生疑问，直至后面得到了证实，父母从始至终做出的应对方式是不承认和继续隐瞒，这样的做法会带来负面的影响。首先，孩子会觉察到，父母并不真诚，他没有办法信任他们；其次，很重要的是，孩子无法知道父母是否曾经爱自己，以后是否会爱自己，父母连真相都不和他说，他也没有机会去求证这些。从表面上看，孩子是在耿耿于怀自己是否是父母亲生的孩子，而实质上，在孩子的内心深处，他是在求证如果我是一个领养来的孩子的话，父母是否要我，是否爱我，如果能确认父母是真心地爱自己，那么他的心就不再恐慌，他会有很大的安全感，接受自己是被抱养来的这一事实就只是时间的问题，而且当他知道爱他的养父母可以一起陪着他去面对这一切，他就会更有力量去接受事实。

当然，这件事情带给父母的冲击也很大，然而面对冲击，父母采取了逃避现实的做法，也许他们内心深处也有隐隐地担心，如果孩子知道了自己的身世，是否就不再爱他们，不再把他们当成最亲的人了。殊不知，在心理和情感模式的发展中，孩子是父母的翻版，孩子的情感能力是否健康取决于他是否得到父母的真正的爱，也就是说，只要父母给予孩子健康的爱，那么孩子长大之后就会回报给父母健康的爱。在这一事件中，父母较成熟的做法应该是，首先，自己可以接受孩子已经知道了身世的真相，那么出于对孩子的尊重和爱，应该告诉他这一真相，更重要的是，告诉他无论之前他不知道身世，还是他以后知道了身世，父母都会一如既往地爱他，全家人也会一如既往地把他视作一家人。其次，帮助他去理解他的生母当年的困难和绝望，生母决非不想爱他，只是有很多的限制，希望他可以理解生母的痛苦。

遗憾的是，没有这些真诚的交流，继祖会自顾地认定父母并不爱他，抱养他只是为了有一个男孩，就连对他的好都被他解读为“他们没有把我当成自己亲生的”。更糟糕的是，被骂作“野孩子”的身世会让他产生自己很不好的感觉，他会痛恨自己，瞧不起自己，无法接受自己，更不能爱自己。之后的沉迷于网络世界，以及远离家人独自去飘荡也就是可想而知的了。

调查员寄语

继祖，你好，了解了你的身世，我不觉得你应该为自己是一个被抱养的孩子而感到难过，你从出生起就来到了这个家庭，这一点可能和其他的孩子不一样，但这并不代表你就会不幸福，就会没人爱。事实上，你的父母很爱你，他们愿意给你和亲生儿子一样的爱，愿意把你当成亲儿子。也可能就是因为太怕失去你了，他们对你更多的是溺爱，是缺少原则的爱，这样使你碰到事情时，思考问题只从自己的角度出发，一味地、固执地认为因为自己是抱养的，父母就不爱你，不把你当成自己的亲孩子，从而拒绝父母，拒绝世界，也拒绝你自己。人是需要成长的，希望你能慢慢学会从别人的角度去看问题，学会可以和亲人共情，学会去爱爱自己的人。

经过这次事情，我们看到了你的反思，我们见面的那天，在我们最后要走的时候，你和我们说："告诉我妈，我对不起她。"在你内心深处，你还是愿意相信父母是很爱你的，只是他们把对你的爱沉沉地放在心底，怎么也说不出口。其实，血缘可以是相亲相爱的一个前提，但绝不是相亲相爱的必要条件，在一起生活，朝夕相处，互相付出真心，就可以建立亲情，即使没有血缘关系，也可以像亲人一样亲密，甚至比亲人还亲。

还有，你离开学校太早了，失去了学习知识、社会技能、社会规则等很多东西的机会，所以，你只能毫无目的地在社会上飘荡，无法发展自己。在明白了父母和家人对你的爱和期待后，你需要对自己负起责任来，树立自己的目标，并为这个目标去努力。

心理贴士

自古以来，领养和抱养孩子的家庭就很多，从社会学的角度看，这是一个常见的社会现象。而被领养，对于一个人的发展来讲，并不是不利因素。我们看到很多被领养的孩子，成年后发展得很好，也会取得不错的成就。事实上，从古至今，从而很多没有血缘关系的人都可以建立起深厚的情谊，甚至是生死之交，而许多亲生的父子、母子、亲生手足之间要么冷漠得形同陌路，要么互相指责、怨恨，甚至互相残杀。

从人的心理发展来看，无论亲生的还是领养的，对于孩子来说，从幼年期到儿童期，他们最关注是否有人爱他，父母是否真的爱自己。因为健康的爱是孩子心理成长的必要的养分，不管父母是否是亲生的，只要可以给予孩子健康的爱，孩子就会健康地成长。即使是亲生的孩子，也会因为父母表达爱的方式有缺陷，或是父母情感能力不成熟等因素，产生自己不被爱的体验，继而严重影响孩子的心理发展。所以，在爱孩子的问题上，父母是否具备成熟完整的人格，是否可以给予健康的爱，远远比父母是否是亲生的重要得多。

父母如何对待领养的孩子呢？有时，孩子的领养身份会让父母在对待他的问题上凭空多出一些顾忌，反而更加放纵，更加宠爱。其实，这样的做法虽然看似可以理解，但究其本质，还是父母在心底没有把他当成亲生的孩子，父母对孩子的健康的爱中，一定是包含管束和规则的，而且对于孩子，被溺爱也是创伤体验，也会影响他的心理发展，阻碍他发展出正常的同理心、慈悲心，以及和别人共情的能力，也缺乏换位思考的能力。

所以，父母和领养子女的相处，和与亲生孩子的相处是一样的，都需要父母的不断成长，父母自身的心理越成熟，孩子就会发展得越健康。抛开血缘关系，从心理发展的角度看，两者没有什么本质区别。

谁来温暖我的心

近年来，随着年轻一代家庭矛盾地凸显，隔代抚养已经成为一种常见的抚养模式。本案例中的高中女孩，自幼父母离婚，母亲离开，父亲没有抚养她的能力，所以跟随爷爷、奶奶生活。身为老一代知识分子的爷爷、奶奶，给予她的是一种超理智化的教养模式，更多地关注衣食冷暖和学习成绩，并不关注孩子的内心感受和情绪状态，这是孩子出现触法行为的一个内因。

案情回放

2011年7月的一个下午，北京东城区一所学校旁的一条胡同，一个男生背着书包，边走边打着手机，走到胡同口，他被三个人拦住了，其中一个女孩是他的同学，另外两个男青年他并不认识。因和这个女孩之前有一些感情上的纠纷，女孩上来质问并开始打他，另两个青年也一拥而上，围着他殴打，女孩还用烟头烫他的胳膊，并多次冲上来踢他打他。之后三人将他的手机抢走，扬长而去。

这个女孩叫张佳（化名），因和那个男生之前有一些感情纠纷，她叫了两个社会上的朋友，对其进行殴打造成轻伤，并强行抢走被害人手机一部，价值2000多元人民币，张佳因抢劫罪被判处有期徒刑一年，缓期一年，犯案时不满十八周岁，属未成年犯罪。我们接到东城区检察院的委托，对张佳及其家人、学校和社区进行了社会调查。

成长经历

张佳和爷爷、奶奶住在北京一个普通的胡同里面，不大的小院中有两间平房和一间厨房，院子里点缀着少量花草，客厅摆设简单、干净、整洁，张佳的事情发生后，老两口内心受到很大冲击。爷爷身体不好在里屋休息，奶奶和姨奶奶接受了调查员的访谈。奶奶虽然上了年龄，还是能感觉到她知识分子儒雅的气质。张佳，个子高挑、身材清瘦，穿着运动装，第一感觉是在校学生，很难和犯罪嫌疑人联系起来。通过对奶奶和张佳的访谈，我们对张佳的生活经历有了初步了解。

张佳两岁时父母离婚，她被送到河北省某城市和爷爷、奶奶一起生活，爷爷、奶奶在一家国企做设计工作，奶奶是高级工程师，收入还算可以，因为张佳父母不在身边，爷爷、奶奶对她格外疼爱。在张佳的心中，早已把爷爷、奶奶当成了自己的父母，对自己的亲生父母却没有太多记忆。张佳是北京户口，六岁时要回京上学，为了能更好地照顾张佳，爷爷、奶奶卖了河北的房子，带着她回到了北京。第二年，张佳记得是在她生日的那天，知道父母已经离婚了，幼小的她并不懂得离婚意味着什么。那段时间，母亲曾到学校看过她几次，后来再没出现过。张佳不愿意谈她母亲，她说母亲对她来说已经没意义了，她曾和奶奶说，她去外面打听过了，她的母亲已经死了，说这话时张佳的眼里流露出落寞的神情。张佳八岁时，父亲再婚，没多久，父亲身患重病丧失了劳动能力，由继母照顾，他们在外住廉租房，靠吃低保生活。

小学到初中，张佳学习成绩优秀，连年被评为三好学生（奶奶拿出张佳的奖状如数家珍），并担任班干部，她和老师、同学的关系不错。在邻居眼里，张佳是一个漂亮、懂事的女孩，很少看到她在外面玩耍，爷爷、奶奶又是知书达理的好人，没有和邻里发生过任何纠纷。小学时，爷爷、奶奶接送张佳上下学，回家后奶奶辅导她功课，那个时候，奶奶是她的全部，她一刻都离不开奶奶（说到这里，张佳的脸上露出笑容）。奶奶教育她要做诚实的孩子，遇到事情要忍让，不能和别人发生冲突。奶奶为张佳报了各种辅导班，虽然家境不算富裕，在张佳学习方面奶奶花钱从来不心疼。初中时，张佳开始自己上下学，放学后都是按时回家，爷爷、奶奶感觉这段时间最让他们省心。

说到自己的转变，张佳提到初中时在学校曾被同学打，说到这次挨打的原因她停了下来，她把这次挨打形容成噩梦，不愿意触碰。也是从这次事情发生后，她对奶奶的话开始怀疑，“遇事不能忍让，人善就会被欺负”，她逐步建立起自己的处事原则：人不犯我我不犯人，人若犯我我必犯人。张佳说到这里的时候，能明显地感觉到她眼中的冷漠。为了不让家人担心，挨打的事儿爷爷、奶奶至今都不知道，不过，她不再像以前什么事情都会跟爷爷、奶奶讲了。高一期间，张佳的学习成绩还不错，由于学校有几个自己的发小，就经常一起玩耍，觉得有朋友玩挺开心，但时间长了又觉得没有什么意思，感觉和他们一起不过是酒肉朋友，自己很希望能够有可以共同分担忧愁的好朋友。高二开始，学习成绩下滑，主要是把精力和时间都放在了和校内、校外的朋友一起玩耍。爷爷、奶奶也感觉到了她的变化，但老人的话她已经听不进去了，张佳说她对自己的学习并不担心，认为考上大学是没问题的。随着年龄的增长，她感觉自己长大了，不再是那个一刻都离不开奶奶的小女孩了，对爷爷、奶奶的关心和叮嘱开始抵触，认为奶奶不该干涉自己太多，特别是当发现奶奶翻看自己的书包甚至偷看自己日记的时候，和奶奶的关系紧张起来。为了躲避奶奶的唠叨，经常会到父亲那里去住，这在以前是很少的，虽然那边条件不怎么样，但父亲不太管自己。张佳觉得和继母的关系处得还可以，继母对她也不错，她认为继母对她好是应该的，也觉得继母能长年累月的伺候父亲挺不容易的，内心对继母还是挺感激的。2011年张佳参加了2012年度高等职业教育提前招生的考试，以所报专业前三名的成绩予以录取。也就是在这一年，因朋友间的纠纷发生抢劫事件，触犯了法律。

分析解读

从张佳奶奶家离开，我们的心里沉甸甸的，老人无助的表情久久不能忘怀，张佳本应清澈的眼神让我们看到的是太多的茫然。从张佳的幼年经历来看，母亲的离去对她的心理是有很大的影响的，她始终在心里怨恨着母亲，怨恨母亲抛弃了她，一个孩子能够说出“我调查过，我妈妈已经死了”可以看出她对母亲的恨有多深，也可以看出，张佳的个性和她清秀的外表不太一样，倔强、偏内向、攻击性强。从心理学的角度看，早年和父母的关系会直接影响个体以后在社会关系中的行为模式，张佳虽然有爷爷、奶奶填补了父母的缺位，但并不能填补她内心的缺憾。因为，父母就在自己的身边，在同一个城市，但却不能给予她亲情，对于幼小的孩子来说，她会认为是自己不够好，或是自己有什么错，父母才不要自己，被遗弃感长时间伴随成长，影响到正常的人格发展。

爷爷、奶奶虽然知道张佳对父母的离异是有想法的，但不敢问，害怕她接受不了，张佳给家人呈现的只是表面的平静，而正是这个“不敢问”，可以看出老人虽然文化程度偏高，但对孩子的心理发展不甚了解，也不了解如何帮助孩子处理内心的创伤感。爷爷、奶奶平时关注最多的是学习成绩，觉得只要学习好一切都会好，虽然在孩子身上倾注了所有精力，但没有真正地进入孩子内心。

奶奶在张佳的成长经历中部分取代了母亲的角色，从张佳的幼年期开始，给予了她母亲般的照顾和教育。然而像大多数知识分子一样，爷爷、奶奶在教养孩子方面，更多的是用成绩好、考上大学来作为唯一的标准要求孩子，对于孩子内心的感受和想法并不能够关注到，也不能及时捕捉到孩子产生的种种不良情绪。当张佳在外面受到欺负产生不好的情绪时，奶奶多是让她以忍让为主，孩子也因此压抑了很多委屈、愤怒等负性情绪，加上早年体验到的被父母抛弃的感觉，使得张佳的情绪、情感能力发展欠佳，在人际关系中缺乏信任别人的能力，缺乏向别人倾诉的能力。

当张佳进入青春期，有了独立发展自己的愿望，想有自己独立的空间的时候，奶奶不能适时地尊重孩子的变化和想法，仍用小时候管教她的方式严格管教，干涉孩子的一些合理的想法和行为，甚至私自翻看孩子的书包和日记，这让青春期的张佳在心里更加远离奶奶。

张佳不愿提及在初中时被同学打的那件事情，并且把那件事情形容为噩梦一般，可见那个事件带给她的创伤也是很大的，她甚至没有告诉爷爷、奶奶，也没有想到寻求老师的帮助，可以看出她内心的孤独和无助。由于创伤没有被及时地处理，又由于张佳的个性特点和她早年的心理经历，让张佳自己形成了一些错误的认知，认为因为听了奶奶的话才受欺负，认为自己的问题只有通过寻找社会上的铁哥们儿才能解决，觉得朋友多了就不再受欺负。认为社会是黑暗的，人与人之间关系都是假的，对自己最亲的奶奶都不再信任。

此外，张佳的法律意识也很淡薄，在实施犯罪的时候，张佳并没有意识到自己在犯罪，觉得是朋友间的事情，强行拿走对方东西只是玩玩而已，即使打了对方也是朋友之间的事情，没有想到已经触犯法律。

调查员寄语

张佳，你好，和你访谈之后，我们的心里一直不太好受。外表看，你是一个清秀、漂亮、学生气十足的女孩儿，然而，我还是能够感觉到你心里的冰冷，我在想，是曾经怎样的创伤，又是怎样的成长环境会让你的内心如此这般的凄凉。

我想，在理性层面，你也是知道爷爷、奶奶是爱你的，他们有着自身的限制，可能让你感到他们对你的理性说教和教导监督有余，而在情感上的温暖和共情不足，在碰到了让你无法面对的创伤性事件后，你不会向他们寻求帮助和安慰，因为你知道他们那里只有说教，只有告诉你让你忍让，而没有安慰和理解。所以，你自己去“独立地寻找解决问题的方式”了，这让我们有些心痛。

希望你在和爷爷、奶奶的相处中，你能主动地做一些改变。当你有了不好的感受和情绪的时候，你可以主动和他们倾诉，告诉他们你很难受，你很需要他们的安慰和理解。而不是只要听到他们告诉你该如何去做。

最后，想和你说，你是一个向往独立、敢作敢当的女孩子，只是，经过这次的事情，希望你不仅加强了法律意识，也明白了这个世界不是你所想象的那样，缺少温暖和爱。只要你敞开自己的心扉，就会寻找到知心的朋友，寻找到真挚的感情，感受到家人对你的爱。

心理贴士

本案中，张佳的爷爷、奶奶对孩子的教育模式，是我们社会中很多知识分子家庭教育孩子的典型代表。

首先，在面对孩子是否知道父母离异的问题上，爷爷、奶奶“不敢问”，觉得孩子表面上很平静。其实不然，“平静的表面”下“暗潮汹涌”，孩子甚至在说“妈妈已经死了”，这是多么强大的情绪！从心理上来讲，事情只要发生了，就不可能和没有发生一样，由事情引发的心理上的冲击就必然存在，如果是假装没发生一样地“盖”着，只能让孩子无法真实地面对自己。相比之下，如果爷爷、奶奶能够诚实地告诉孩子真相，并且告诉孩子自己会给她全部的爱，那么就可以弥补孩子的缺失。缺乏真诚坦率的交流，孩子就会有很多困惑和不确定。

其次，在教育孩子时，更多的是告诉孩子忍让为先，当孩子在外面挨了欺负、受了委屈的时候，从没想过去处理孩子内心的感受，在情绪上给孩子支持和安慰，只是在理性层面告诉她该怎么做，孩子在受了欺负时觉得没有人可以保护自己，没有人了解自己内心的感受，会有强烈的孤独感和不安全感。

再次，在教育孩子方面有一个天然而固化的想法，就是只要学习成绩好，就一切都可以了，没有什么更重要的事情了。两年前，地铁里偶遇的一个场景在我心中挥之不去，一个妈妈拎着硕大的箱子下楼梯，前面走着的儿子回过头来（大概十一二岁），把手伸向妈妈，妈妈几乎咆哮地喊：不用你管！我要的是读博士的孩子，不要干体力活的孩子！孩子灰溜溜地低下头来，不知道怎么惹怒了妈妈，但我看到的是孩子眼中噙满泪水。其实，孩子在成长过程中，除了发展学习知识的能力，还要发展很多其他重要的心理能力，比如理解他人的能力，和别人共情的能力，还有让自己成长的能力，这些和知识同等重要，作为孩子的养育者，也必须具备这样的意识。

窘迫的生活，压抑的孩子

经济发展的大潮中，农村出现了大量的留守儿童。留守儿童与父母一方或双方长期分离，且父母为了生计常年辛苦劳作，无暇对孩子提供情感上细致地关爱与呵护，导致孩子正常的情感需求无法得到满足。留守儿童的心灵是孤独的，当他们在成长中遭遇困难而无法及时得到父母的理解、有效的情感支持和正确的引导时，沉迷网络去排解孤独和压抑会成为他们的一个精神出口。而要帮助他们离开网络世界，回到现实世界来发展自己，最关键的是弥补他们心灵中那个巨大的情感空洞。

案情回放

北京冬天的一个凌晨，寒风格外刺骨，天是黑蒙蒙的，只有孤单的路灯泛着惨白的光。小路上，偶尔会有人“全副武装”迈着匆匆的脚步走过。一个瘦高的男孩从一间小网吧里钻了出来，他头发蓬乱、脸色苍白。“去哪儿呢?”他心里想，伴随着不规则的肠鸣声，饿意阵阵袭来，已经好几天没吃什么东西了，摸摸口袋，身无分文。这时，一阵寒风卷着地上的枯叶扑来，他打了一个寒战，犹豫了几分钟之后，朝着对面的小区里走去……他借助一楼的栏杆，没费多大力气就跃上了拱形的单元门顶，身体紧紧贴在墙上，轻易地就推开了阳台的窗户。他的手不停地发抖，心脏“咚咚咚”地快跳，他不知道自己怎样进了房间，怎样在一团漆黑中摸到了一个书包，又怎样离开了那户人家。

回到住处，他发现薄棉服里面的衣服竟然全部湿透了，“不能在北京待下去了，怎么办？怎么办？对，回老家！”他从床底掏出一个破旧的旅行包，把那个书包塞进去，又胡乱塞了几件衣服，直奔西客站……时间过得真快，一晃有两年没回家了，看到外婆、妈妈和姐姐，他脸上挂着笑，心里却很想哭，想告诉她们，他干了不该干的事儿，实在没脸回来。他把300块钱放在外婆的炕上，外婆乐得合不拢嘴，不停地说孙子好。外婆的话像把刀扎在他心里，老人家不知道这300块钱究竟是怎样得来的，也不知道她的孙子每天都因为这件事而无比悔恨、寝食难安。十天后，他带着深深地自责和强烈地悔恨坐上了回北京的火车，抵达的当天晚上，他拎着那个书包，以及书包里的相机、MP4、手机、钱包和600元钱，去了十几天前那个凌晨他去过的小区，正当他犹豫着怎么能把东西安全地放回去的时候，被小区里值勤的人员发现了……

成长经历

这个男孩名叫肖力（化名），在看守所看到他时，他话语不多，声音很低。清秀白净的面庞，眉宇之间略带忧郁，面对我们对成长经历和家庭情况的询问也不愿多说什么。他的监护人基本情况表里只有父亲的名字，但没有联系电话，肖力告诉我们，他没有任何一个家人或亲戚的联系方式。坐在开往肖力老家的火车上，望着窗外的茫茫夜色，孙法官诚挚的拜托又在耳旁响起：“肖力有一个姑姑在老家，请尽量找到她，如果他的家人能在开庭时出庭的话，我们会尽最大努力为他争取免予刑事处罚，他的家人就能把他领回家了。”满怀着对这个与家人失去联系的男孩的怜爱和关心，以及对寻亲未知的忐忑和担忧，我们来到了肖力的老家——山脚下一个贫瘠的小村庄。派出所长、干警、村庄老支书、村长、肖力爸爸的同学、出租车司机……一路上正是老乡们的热情相助，我们才得以一一找到肖力的大伯、姑姑和爸爸，才得以了解这个男孩不平坦的成长经历。

离村口不远处，破旧凌乱的黄土窑洞在正午阳光的照射下格外刺目，靠近中间的一座窑洞曾经是肖力的家。20世纪90年代初，肖力在这里出生，他和爸爸、妈妈、姐姐一起在这座窑洞里生活了七年，妈妈种地，爸爸在山上采矿，日子虽然不富裕，但一家人也算其乐融融。然而，肖力七岁那年，爸爸承包开矿的生意失败，欠了一屁股债，这对本不富裕的日子来说更是雪上加霜。妈妈是爸爸买来的媳妇，本想离开贫穷的大山到外面过上好点儿的日子，没想到反而更加辛苦。不愿意过苦日子的妈妈，一个人带着肖力和姐姐、弟弟离开当地回了自己山里的老家。好几个月肖力都见不到爸爸，虽然他很想知道为什么，但从来不敢问妈妈，爸爸干什么去了，自从来了这个地方，妈妈就很少说话，不是默默地干活儿就是抱着不到一岁的弟弟默默地流泪。肖力小时候本就是性格内向的孩子，逐渐变得越来越不爱说话了，他不明白为什么妈妈会一个人带着他们来到这个遥远而陌生的地方，这里的孩子都不和他玩儿，还嘲笑他说话难听、听不懂，他唯一能够也想亲近的姐姐，在镇上读初中，一周回家一次，周末能见到姐姐是那段时间他最开心的事情。那时肖力还不知道，爸爸已被迫离开家乡，独自一人到北京打工，微薄的收入一部分用来还债，一部分寄给妈妈做生活费用。为了省钱，即使再想念孩子，爸爸也几乎不给家里打电话，与家人的第一次重聚，竟已是分离后的第三年。

那是一个阴冷的冬天，肖力正带着弟弟在屋子里跑来跑去，门突然被推开，一个黑瘦的男人拎着几个大包进了屋，怔了半天，肖力才认出原来是爸爸。爸爸放下手里的东西，走过来抱起弟弟，又摸着他的头看了又看，眼里噙满泪水，肖力站在原地一动不动，他不知道要说什么，眼前的这个人是那么陌生和遥远。爸爸回来后很少跟妈妈说话，也不怎么跟他说话，不是干活儿就是一个人抽闷烟。一个月后，爸爸走了，一走又是三年。妈妈一个人带着他们姐弟三人，生活得很苦、很累，随着年龄的增长，肖力心里渐渐对爸爸生出了恨。几年后，姐姐考上了大专，肖力考上了镇上的初中，弟弟也上了小学，家里的生活更拮据了，周围很多人家都盖了新房，只有他家的房子又破又旧，甚至去年塌了房顶，还是村里给修上的。虽然日子过得苦一些，但让妈妈欣慰的是，三个孩子都很听话，爱学习，成绩好。

初一下半学期，对肖力来说是个重大的转折。性格内向、不怎么合群又家境贫困的他总是被以班主任的外甥为首的几个男孩子欺负，终于有一天他忍无可忍，在一次言语冲突中先动了手，和几个同学打了起来。事后，班主任了解了事情的前因后果后，仍以他先动手为由狠狠地批评了他，自尊心受伤的肖力没有做任何辩解，一气之下离开学校回了家，妈妈怎样劝都无济于事，就这样肖力辍学了。

辍学在家的肖力心情极度低落，村里的小网吧成了他经常去的地方，打打游戏，聊聊天，以排解内心的郁闷。没有想到的是，此后肖力一发不可收拾，在网络游戏中越陷越深，一整天全部泡在网吧里，很少和家人说话，也不再帮妈妈干活儿，甚至把妈妈给的零花钱全部用来上网。看着孩子如此堕落，妈妈哭过、闹过、打过，对肖力而言全部无济于事，万般无奈之下，妈妈给爸爸打电话，希望爸爸能将儿子带出去好好管教管教。于是十五岁那年，肖力离开老家来到北京，在爸爸的安排下到家具厂做零工，和爸爸生活在一起。

起初，在爸爸的照顾和监督下，肖力的生活恢复了正常，工作上也很努力，肯吃苦，听领导的话，表现很好，父子两人在北京过着平静的日子。一年后，爸爸的工作变得忙起来，经常上夜班，吃住在厂里，两三天才能回租住的房屋看看儿子。缺少了爸爸的照顾和监督，肖力又开始迷恋网络，一整晚不回家，泡在网吧里玩游戏，爸爸下班回家第一件事就是到网吧找他，然后回家讲道理，规劝儿子改掉坏习惯。两三个月下来，爸爸感觉自己似乎很难和儿子沟通，即使像朋友一样心平气和地说话，肖力也不愿跟爸爸说自己心里的想法，面对儿子的网瘾，爸爸一筹莫展。经过反思和朋友的建议，爸爸决定把已经长大的儿子放出去锻炼一下，于是托人把肖力安排到南京分厂学习和工作，同事反映肖力在认真工作一个月后又再次重陷网络，三天两天不去上班，束手无策的爸爸只好将其从南京带回北京，托人安排在一天24小时值班的库房上班。一个月后，爸爸接到库房经理通知，肖力已经几天不去上班了，天天泡在网吧里。爸爸对肖力彻底心灰意冷了，要求他回到妈妈身边，肖力答应了爸爸并买好了回家的车票，但从临行前一晚至发车当天，爸爸始终无法打通他的电话，最后还是在网吧找到了他。事后爸爸愤怒到极点，严厉训斥了肖力，肖力一句话没说，离开了爸爸，不再与爸爸联络，也没有回老家。一年来，爸爸四处打听儿子的下落，甚至多次通过他人登录QQ在网络上寻找，直到2010年春节，才从肖力姑姑处得知儿子在北京盗窃的事情，通过法律咨询获知处罚不会很严厉，教育教育就没事了，以为儿子已被释放，在外面流浪，于是边工作边打听儿子的下落。让他没有想到的是，半年来，肖力一直羁押在北京市东城区看守所，因为担心妈妈知道自己干坏事伤心，也不愿让失望透顶的爸爸为他感到丢脸，他宁肯坐牢，也不肯向看守人员透露家人的联系方式。

分析解读

在了解了肖力的成长经历和犯罪过程，为他感到痛心和深深惋惜的同时，我们不禁会问，是什么原因使一个聪明好学、朴实听话的好孩子一步步走上了犯罪的道路呢？

肖力七岁时父亲因承包金矿破产而致家庭负债累累、经济贫困，为了维持生计，父亲长年在外地打工，母亲一人在家支撑整个家庭，夫妻长期两地分居。迫于沉重的生活负担，父母基本无暇顾及孩子的成长、学习和生活，更关键的是，父母对孩子在情感教育方面的投入极度缺乏，对孩子内心的感受不关注，从小到大，肖力极少能感受到亲情的交流和父母细腻的关爱，与家庭的亲密关系得不到满足，性格内向，自尊心又强，与周围同学的交往也存在困难，内心有着强烈的孤独感和无助感，从而借助网络交友和网络游戏，通过虚拟的人际沟通和情感上的交流，获得安慰、理解和支持，弥补现实生活中人际和亲情的缺失，而网上聊天和游戏又会加重他在现实生活中的孤独感，又会更远离人群，从而逐渐沉迷于网络不能自拔，发展成网瘾，不能正常学习、工作、生活，为违法事件的产生埋下了伏笔。

从肖力身上，我们看到网络成瘾的青少年所具有的一些消极人格倾向，喜欢独处，自信心不足，无法和别人建立深厚的友情，缺乏目标和理想，成就感较低，意志力较弱，克制能力及自我约束能力较差。这些内在特性，加上来自家庭情感的疏离，使他沉迷在网络里不能自拔。甚至在一次跟父亲争吵后赌气离开所有亲人，失去经济来源的他，缺乏基本的生活保障，又无法控制自己的网瘾，一时冲动做出了违法行为，事后内心悔恨不已。

此外，学校教育在塑造青春期孩子健康人格、培养健康心理、加强道德和法律意识等方面起着不可替代的重要作用。肖力因被欺负产生强烈的厌学情绪、进而辍学这一事件没有引起学校和老师的足够重视，学生在国家义务教育阶段主动辍学，没有及时、详细了解辍学的具体情况，采取有效的教育方法，促使学生回归学校，而是放任其流浪社会，这是当前贫困农村地区义务教育落后的现实状况。同时，父母也因自身文化知识和性格特点的限制，没有及时引导肖力正确对待生活中的挫折，采取积极的方式宣泄心中的郁闷、烦躁和不满，使用有效的方法处理与同学之间的矛盾。肖力被老师误解批评后，无法排解压抑已久的愤怒，辍学后靠进入一个虚拟的网络空间去寻找安慰，寻求刺激，逃避现实压力，暂时忘却学习、生活中的失败。

调查员寄语

肖力，从你决定把东西还回去的那一刻，我们就知道你是一个好孩子，因为你知错就改。在调查访谈的过程中，有两个人在说起你时流下了眼泪。一个是你的爸爸，他默默地流着眼泪说，联系不上你的那段日子，他特别着急、特别难过。他很自责，觉得十年来没有尽到教育和照顾你的责任，对你的关心很少，和你沟通也少，他很后悔。另一个是你的姑姑，她说你是个听话、懂事的孩子，她记得你经常对表妹说，你妈妈不容易，你要听她的话。她还说，你在联系表上没有留下妈妈的电话，是因为知道妈妈身体不好，怕她着急、难过。虽然我们没有见到你妈妈，但我们知道，她心里一定在惦记着你、牵挂着你。和你说这些，是想告诉你，爸爸、妈妈一直背负着家庭生计的重担，可能没有时间和精力给你很多温柔细腻的呵护，也可能爸爸和妈妈也都是不善表达自己情感的人，可他们在心里是非常爱你的，不要以为自己是没有人爱的孩子，希望你在心中种下一颗爱的种子，今后不论遇到任何事情都不要忘记，你的家人都深深地爱着你！

再过几个月，你就是一个年满18岁的成年人了，让心里有一些爱，再拿出恒心和毅力，不再沉迷于网络世界，回到现实世界中来。希望你能补完九年义务教育的知识，然后再选择继续深造还是学习一技之长，为自己的生存和独立打基础。我们相信，从今往后，你能够好好为自己的人生负责，能够担负起一个成年人对父母、对社会应有的那份责任。我们也期待你成为一个自强自立、正直善良的男子汉，以自己的能力回报父母，贡献社会。

心理贴士

肖力的个案，是农村“留守儿童”长期生活在特殊的家庭环境中，缺乏父母直接的关爱与呵护，正常的心理需求得不到满足，于是沉迷网络，导致网络成瘾，无法正常学习和工作，最后走上犯罪道路的典型案例。这不仅是家庭问题，也是一个社会问题。

首先，父母要改变家庭教育的方式，增加感情投入。自己常年在外，无法在孩子身边，可以定期给孩子打电话，关心孩子的学习和生活，更重要的是，关注孩子的情绪，关注孩子内心的想法，最近发生了什么事，孩子有什么样的反应和什么样的情绪。孩子想父母了，可以告诉爸爸、妈妈，父母想孩子了，也可以告诉孩子。这样即使父母不在身边，但你表达出的关怀和呵护一直围绕着孩子，和孩子即使远，但依然亲近，孩子逐渐长大慢慢会明白，父母因为生计离开自己，但他们是爱着自己的，只要知道父母是爱自己的，孩子就会爱自己，心里有爱，孩子就可以健康地成长。

表面上看，留守儿童的父母长期在外打工，不在孩子身边这一客观事实影响了很多孩子的心理发展，实际上看，影响孩子更多的还是父母自身人格和情感能力的成熟度，也就是说，情感能力较成熟的父母，即使不在孩子身边，也会把爱孩子的信息传递给孩子，而情感能力不成熟的父母，即使在孩子身边，因为不会与孩子共情，不会去理解孩子的情绪和想法，只是理性的说教，孩子依然会感觉到自己内心的感受不被关注，情绪无法疏泄，从而会有负性情绪的压抑，压抑到一定程度就会出现各种各样的问题。

本案例中的肖力，父亲长期在外但从没有电话，孩子很多年都误以为父亲不要自己了，继而会生出对父亲的怨恨。出来打工和父亲在一起生活后，父亲依然不会表达自己对孩子的爱，只是在安排他的工作和生活，在处理孩子情绪和情感交流上依然不会多做什么，也就无法弥补孩子长久以来的父爱的缺失，所以，孩子会再次沉迷于网络去寻求情感上的补偿时，父亲的说教基本起不了什么作用，因为孩子和父亲的亲密关系从未建立，而这一点是孩子触法的很关键的因素。

“留守孩子”进入青春期后，也是一个很关键的时期，尤其是早年和父母没有很好地建立亲密关系的孩子，沉迷网络去排解孤独和压抑会成为这类孩子的一个精神出口，所以，要帮助他们戒除网瘾，最关键的是弥补他们心灵中那个巨大的情感空洞，引导他们，让他们发泄出多年积压的负性情绪，只有心里能够体验到爱，他们才有力量离开“赖以生存”的网络世界，回到现实世界来发展自己。所以，戒除网瘾，除了必要的手段，弥补他们心理的缺失是最关键的。

我想有个家

家，绝对不只是一个能睡觉、能吃饭的处所，有爱的地方才叫家。对于父母离异、生长在再婚家庭的孩子来说，最恐惧和担心的事情就是没有人爱他。爱，不仅仅是生活上细心的照顾，更是温柔的抚摸、关爱的眼神、坚实的拥抱、耐心的教导和有力的支持。家庭中忽视和漠然带来的创伤是巨大的，如果孩子从父母那里都得不到稳定、可靠的爱与关注，那么他还能去信任谁？如果孩子的心中没有一个安全温暖的港湾，他又怎能安心去扬帆远航？

案情回放

2011年底，寒冷的冬夜，在东城区的一条街道上，几乎所有的店铺和单位都关门了，路上也没什么行人，整条街静悄悄的。这时，有两个黑影出现了，他们在每个门口和窗户上打探，发现可以拉开的窗户就翻进去。2011年底到2012年初，短短三个多月，该辖区内派出所接到了十几起附近街区的单位和店铺被盗的报案，经过调取监控录像和大量的排查，最终将涉案的两名嫌疑人抓获。这两名嫌疑人都是未成年人，其中一个叫晓游（化名），据统计，他们在三个月内，趁着深夜无人，多次进入饭馆、食品店、童装店、服装店、手机配件商店，还有律师事务所、文化传播企业等地实施盗窃，窃得大量现金、笔记本电脑、高档香烟、高档饰品等，价值达几万元。

晓游是2011年辍学后从外地来北京打工的，一直没有找到工作，后来一个同龄伙伴也来京打工，两人把身上的钱花光后，就决定一起去盗窃，前几次顺利得手后，他们安静了二十多天，看到没什么事，就又开始频繁盗窃，直到被抓获。接到检察院的委托，我们对晓游本人以及他的家庭、社区进行了走访，也了解了晓游让人心酸的成长经历。

成长经历

看守所里见到的晓游，内向、孤僻。他说自小在村子里长大，祖祖辈辈都是如此。父亲是本村人，母亲是邻村的，在晓游的记忆中似乎亲生父母很少吵架，但是却不知他们为什么而离婚。母亲很老实，甚至有些胆小怕事，他的记忆中，母亲在家里好像从不敢大声说话。父母离婚之前，晓游只记得在姥姥家的时间好像比较长，回到父亲身边是为了上学。其他似乎都已经不记得了。

晓游的父母在他五岁那年离婚的，父母离婚后，很快父亲就再婚了，后妈嫁给父亲之后很快又生了个小妹妹。后妈不工作，每天在家就是照顾小妹和打牌。晓游童年的记忆和感觉里，从后妈进门，家就变成了后妈、父亲和小妹的，自己是个外人。后妈不会打骂自己，甚至经常不知道自己是不是在家里，有时后妈也会找父亲告自己的状。这个家对于晓游来说，只是个吃饭、睡觉的地方。父亲在县城打工，每年只回来一两次，每次在家的时间也很短，并不会和晓游有什么沟通。

父母离婚后母亲也很快与别人再婚，几年之后，母亲也有了一个小弟弟。晓游不能随心所欲的和妈妈在一起，毕竟，她又有了一个家，还有了需要照顾的弟弟，那个家里并没有晓游的位置。晓游慢慢地叙说着，他说偶尔自己也有想和父母聊聊心事的时候，但是却根本找不到他们，也没有人来听一听自己想告诉他们的话。姥姥、姥爷家似乎是晓游感觉最亲的地方，两个舅舅和两位老人都很疼晓游，但是晓游觉得，那里也不是自己的家。晓游说着说着，眼泪充满了眼眶。

不知道多少次，晓游看着别的小朋友和妈妈、爸爸在一起幸福、开心地生活，而他却只有迷雾一般的现在与未来。不知道多少次，放学之后，和自己一起玩耍的小伙伴一个一个地离开自己回到他们的家中，而晓游，却只能在田间、原野中游荡。晓游不知道自己要去哪里？更不知道哪里才是真正属于自己的家。

在学校里，晓游的成绩算得上中上等，乡村的小学，所有的科目都是一位老师教，老师年纪大，很有耐心，对自己也很好。但是他毕竟只是老师，管着那么多的学生，并不是只有自己一个，晓游也不可能和老师有更多、更亲密的交流，而且，从小学就住校的晓游，早已习惯了自己与自己相处。

同学们也都有各自的伙伴，晓游只有一个朋友，就是后来和自己一起到北京涉案的那个朋友。他帮了晓游很多忙，并不会看不起晓游，晓游只有和他在一起时才能感到真正的快乐，也只有和他在一起时，自己那颗孤寂的心也才好像有了些许依靠。在晓游的心中，这位朋友甚至比家人更像亲人。自己信任他，胜过后妈，甚至胜过亲生父母。因为，只有他真的在乎自己，只有他真的关心自己，只有他真的能理解自己。

晓游上初中之后，更少去看望母亲，只有在自己攒到一点零花钱之后才会去看妈妈。没钱从不和父亲与后妈说，说了也没用。初二辍学离开学校后，就开始打工。一开始在北京郊区的一家餐厅当学徒。那时，身边还有几个老乡，算是有熟人，能有个帮衬。但是，后来自己被单独调到了另一家分店，当然仍旧做的是学徒打杂的工作。晓游一开始什么都不会，一点一点地在师傅的责骂中学本事。许多个夜晚，晓游都想离开，但是随之而来的问题是，自己又能去哪里呢？家还不如这里。打工学徒并不能挣到多少钱，自己即使不花什么钱，有时连返乡的路费也攒不够。晓游不愿向家里张口要钱，家里也没有钱能供给自己。直到现在，父亲还会对晓游说，当年上学的钱还是向别人借的。说这些的时候，晓游似乎想告诉调查员，钱对于父母很重要，如果自己有了钱，父母对自己可能会更看重一些。

见到晓游的父亲与继母时，觉得他们并不像一般憨态的农民，反而有着相当程度的社会经验。父亲与继母都说这是一个和睦的家庭，没有打骂，只是说服教育。与晓游的讲述一致的是，晓游与父亲和继母没有交流。父亲承认自己在家的时间很少，父亲说晓游是个内向的孩子，从小学就让孩子住校了，独立能力挺强，并不是让人操心的孩子。

与晓游生母的见面约在一家快餐店，母亲不让调查员去自己的家里，因为，丈夫如果知道自己和晓游有联系会不高兴。母亲说，自己当初离婚只是因为两人性格不合适，晓游的父亲不会过日子，也从不拿钱回家。本来晓游是跟自己的，但是后来被父亲要走了。自己并不知道晓游这些年的生活究竟怎样，听他自己说，父亲和继母对他还可以。晓游长大之后有时会来看自己，有时见面甚至还会给自己钱。

分析解读

了解了晓游的成长经历，调查员对于晓游亲情的缺失感到很遗憾，虽然是离异家庭的孩子，可父母始终在他身边不远处。在大部分人的想象中，父母离异，生长在再婚家庭，可能是晓游出现问题的原因，但这只是从客观的角度讲；从心理发展角度看，幼小的孩子最恐惧和担心的事情是没有人爱他，幼小的孩子需要和别人建立亲密关系，才能够在精神世界里“活下来”，而可以让孩子感受到亲密的做法是什么呢？不同年龄的孩子是不一样的。婴幼儿期还未建立语言，当他渴了、饿了、冷了的时候有人知道并适时地满足他，被坚实地环抱着，有温柔的肌肤抚触，关爱的语气和眼神，婴儿就可以有健康的依恋关系。当他长到幼儿期，有了初始的语言，那么经常和妈妈抱抱、亲亲，听到妈妈亲密地呼唤他的名字，再大一些，儿童期和少年期语言和理性建立得较好了，亲密的方式就可以增加一些交流感受、聊天的过程。

首先，从晓游现在的心理状况看，晓游的幼年在亲密和依恋方面建构得很差，也就是说，在他很小的时候，没有一个人让他感觉到是全心爱他的，是可以和他建立安全的依恋关系的。可以看到，晓游的亲生父母离婚前，他们与晓游的亲密关系就没有建立，晓游甚至没有那一时期的记忆。对于晓游这样的孩子，本来就容易出现被忽略、甚至被孤立的内心感受。父母离异后，晓游随父亲生活，父亲依然和他没有什么亲密的关系，而继母就更谈不上什么亲密了，她甚至会常常“不知道晓游在不在家里”，继母从不打骂晓游，但这一点更加说明继母在心里完全没有把晓游当成自己的孩子，有时父母打骂孩子也是关心孩子、着急孩子的表现，有时打和骂也是一种沟通和交流，然而就是这些晓游都没有机会享受到，继母对他几乎是无视的，而无视和冷漠对孩子来讲才是最大的创伤。也许继母做事的尺度是“别让别人看到我这个后妈打骂孩子”，“把他的吃和穿照顾好，对丈夫有个交代”，仅此而已，基本上没有情感的付出，所以，在晓游的感觉中，父亲和继母的这个家是“冷”的，是不属于他的。

晓游可能更愿意在亲生母亲那里获得一些亲密的感觉，然而从晓游的叙述中，对这一点他也是失望的。母亲重新建立家庭后，不但又有了更小的孩子，而且，好像不太敢和晓游有更近的关系，甚至在晓游出事后，调查员想和母亲访谈时，她也是小心翼翼地怕被现在的丈夫知道，约我们在外面见面。也许有许多现实的、生活中的限制让这个母亲无法对孩子有更多的关心，但我们不禁在想：“有什么可以阻止一个母亲去爱自己亲生的孩子?”

姥姥和姥爷还有两个舅舅也许可以弥补一些晓游心底父爱和母爱的缺失，可是懂事的晓游似乎从小就知道，那里也不是自己的家，晓游觉得哪里都不是自己的家，在他的伤心和失望背后，是他的愤怒，不被爸爸、妈妈爱和呵护的愤怒，所以他身无分文也宁愿漂泊在外而不愿回家。

此外，作为与孩子建立人际交往的第一任导师——父母，他们本身就没有创造机会让孩子学会如何与父母交往，更没有让孩子感受到被肯定和被赞许的良好感受，对于孩子提出的要求不给予有效、及时的回应，因此，晓游才会错误地认为有困难即便表达了也得不到家人的帮助。晓游也没能学会与他人建立良好的人际交往模式，正处于青春期叛逆的少年，只能在同伴那里寻找信任和帮助，建立认同感。遗憾的是，两个过早辍学、缺少法律意识又缺乏自我约束的少年能够想到的竟是这样的“生存方式”。

再次，在贫困乡的村民中普遍存在着这样一种认识，孩子学习成绩一般，根本无望通过考上大学来改变命运，再加上家境不好，索性就不再花钱上学，而直接让孩子外出打工以缓解家庭压力。让幼小的少年在仅仅十四五岁的年纪，九年义务教育都没有完成的情况下直接去面对纷繁复杂的社会，学校教育与家庭教育均存在一定程度的放任。这些未成年的青少年走出大山直接到大都市打工，缺乏机会与意识去逐步接受城乡巨大的差异以及如何遵守相应的法律法规。各个地区与外来务工相关的法律教育和宣传工作均存在着一定的不足。

调查员寄语

晓游，你好！我们的第一次访谈进行了四十多分钟，了解了你的经历后，我们也很心疼你。可能你现在都无法理解，父母为什么会离婚，有许多事情也许只有你长大后，甚至经历后才可能了解，父母一定是在一起不幸福了才会分开。其实，你真正抱怨的不是父母的分开，而是分开后谁也没有给你一个家，一个安全、温暖、可以呵护你的地方。

从父母离异，到父母分别再婚，又有了各自的孩子，直至辍学外出打工，你一直在寻找，渴望寻找到一个坚强有力的依靠与温暖而柔软的怀抱。看来，这十多年的时光过去了，你仍然在寻找。你是一个善良的孩子，也许你体会到了太多的人情冷暖与世态炎凉，也许你看到了太多“生而不平等”的不公，也许你希望自己可以快些长出翅膀飞离冰冷的

"家"，也许你渴望自己尽快有力量可以闯出自己的天地。只是，当你的心里仍然是一片荒漠的时候，又怎能找到绿洲？当你心中的迷雾遮挡了阳光的时候，又如何才能开出美丽的花朵？

其实，亲爱的晓游，我们能感到你心中需要得到更多一些爱的滋养，而我们也能感到，你的身旁并不缺乏爱，你的父母，可能并没有给予你足够的爱，但他们也曾经为你付出过。你的姥姥、姥爷，你的舅舅、老师，他们都为你付出过爱，你也曾收到他们赠予你的礼物。我相信，你的朋友、邻居、管理教育你的检察官、警察，你身边曾经接触到的很多人，甚至包括仅有一面之缘的社会调查员都曾经向你伸出过满含爱意的手。请你珍惜这些人，这些爱，这个世界并非漫天都是阴霾，当你的心中沐浴着这些爱的时候，阳光一定会洒满你心中美丽如花园般的家！

心理贴士

提到"家"这个字眼，我们每个人心中都会有无尽的感触，从人的心理上看，家是一个人精神世界的基石，每个人的早期体验中，如果对于家的感受很好，被呵护、被爱的心理需求基本被满足，那么他日后的心理发展就不会出现太大的偏差，因为被爱滋养大的孩子，当他碰到挫折和困难时，不会被心底巨大的恐慌和不安全感击溃，会有勇气和意志去面对和克服，进而在一次次的接受和面对中成长和成熟。

即使社会进步到今天，依旧有很多的父母认为给予孩子的物质生活比孩子的心理需求更重要，尤其是生活在贫困乡村的父母，挣钱养家永远是第一要务。而孩子自小的爱的需要，关注的需要，被肯定的需要，却完全忽视，甚至是被否认。但孩子的价值观、人生观、世界观，不是长大之后突然出现在脑海里的，恰恰是父母对待自己的方式决定了孩子的这些观念。如果孩子从父母那里都得不到稳定、可靠的爱与关注，那么孩子还能去信任谁？如果孩子的心中找不到一个安全、温暖的港湾，他又怎能安心去扬帆远航?

不是生了孩子就会做父母的，太多的父母还没有做好为人父母的准备就仓促上岗了，更可怕的是，还有很多父母依然没有意识到怎样可以给孩子一个健康的心理发展环境，甚至父母自身的创伤和情结还没有处理好。其实，没有父母是完美的，每个父母一生在孩子的抚养教育方面不知会犯多少过错，但是孩子摔了跤不仅仅是孩子要为之付出代价，也需要父母能够觉察自身，反思自己在对待孩子上的缺失与不足，也能够允许自己与孩子共同成长。

令人心痛的『少年打劫』

青春期的孩子遭遇抑郁情绪是很常见的事情，近年来青少年抑郁的比例在逐年上升。抑郁被一些心理学者称为“心理上的感冒”。抑郁情绪是人类一种常见的情绪情感，有别于抑郁症。青少年的抑郁通常由重大应激事件引发，而对于抑郁情绪的治疗除了矫正头脑中诸多的病态认知外，更重要也更为困难的是弥补他早年因与父母的亲密感较差而造成的创伤和缺失。

案情回放

2010年7月的一个深夜，零点刚过，在路上拉客的出租司机王师傅正在市区内的一条路上缓慢行驶着，一边看着路边是否有人打车。不一会儿，他就看到路边站着几个人在招手，王师傅慢慢开近了，看清楚是四个看上去十几岁的孩子，三男一女，正在伸手示意打车，待车停稳，他们拉开车门上了车，一个男孩坐在了副驾的位置，另两个男孩和那个女孩坐在了后座，坐稳后他们说去某某中学，那地方离得不是很远，王师傅就继续向前开去。开了没几分钟，就听副驾的那个男孩冲着后座的同伴说：“我们今天和他们约了这场架，就不能手软，一定得把他们几个砍得服气了才行。”说着，从身后的背包中掏出一把长刀，晃了晃，王师傅心里顿时有些害怕，他觉得这个男孩的话搞不好是说给他听的，很可能今天这笔买卖是收不到钱了，更搞不好，还会有更糟的情况。果然，副驾那个男孩又从包里掏出两把刀递给后座的两个男孩，然后扭头冲着他说："把你车上的钱拿出来！"王师傅的心忽地沉了下去，担心的事终于发生了，惊恐之中他还是壮着胆儿说："我刚出夜班，还没挣着钱，哪儿有钱啊！"这时，后座的一个男孩忽然叫起来："他左侧的手扣里有钱！"王师傅就伸手把手扣里的10元钱给了副驾的男孩，可是男孩还是不罢休，王师傅就又将上衣兜里的30元钱掏给了他。反复问了王师傅还有没有钱后，四个人在一个中学门口下了车，待他们走远些，惊魂未定的王师傅掏出手机报了警，然后开着车远远地跟着那几个孩子。四个孩子转过一个红绿灯，走了几步，就又打了一辆出租车，仍然是那个男孩坐在副驾上，故伎重演，拿着刀向司机威胁要钱，这回的这位出租司机李师傅，看着这几个乳臭未干的毛孩子，丝毫没有害怕，厉声正色地说道："我没钱！"看着身材魁梧的李师傅，几个孩子也没办法，后面一个男孩不死心地又问了句："你真的一分钱都没有吗？"得到肯定的回答后，几个人才不情愿地下了车。几个人走开后，李师傅也迅速掏出手机报了警。这四个孩子，这回没有抢到钱，走了一段后竟然不死心地又打了一辆出租车，那个坐副驾的男孩刚拉开车门坐上去，后面就开来两辆警车，警察迅速控制住了这四个孩子，把他们带上了警车，并带回了派出所。

成长经历

坐在副驾的这个男孩叫小凡（化名），当时只有14岁，正在学校里读初二。如果看看他小学的成绩和表现，所有人都不会相信他会做出这样的事。小凡在小学里是门门功课皆优的学生，小学六年担任班长、大队长、中队长，还被评为北京市三好学生。初中后，初一时成绩依然优秀，排在年级前五名。犯案时，他在上初二，那时学习成绩已经大幅下滑，而且开始旷课，有时还会不回家过夜，那么，究竟发生了什么，十四岁的小凡会做出这样的事情？

小凡不到三岁的时候，父母就离婚了。从出生到三岁前他住在奶奶家，由爷爷、奶奶照顾，父母离婚后，他被送到姥姥、姥爷家，所以，从他记事起，一直到十四岁，都是在姥姥家生活的，和姥姥、姥爷同住，由姥姥、姥爷抚养和照顾，所以，小凡和两位老人的感情十分深厚，尤其是姥爷。姥爷退休前在民族乐团做乐器方面的工作，并取得了一定的成就，小凡十分喜爱和崇拜姥爷，受姥爷的影响，小凡自己也很喜欢民族乐器，笛子吹得很好。姥姥退休前是小学教师。

和姥姥、姥爷相比，小凡和妈妈的关系就疏远多了，事实上，从他记事起，就没怎么和妈妈共同生活过。妈妈在一家服饰公司做销售，经常出差，很少有时间关照孩子，与他的交流很少。父母离婚后，小凡就再也没见过父亲。小凡七岁时，妈妈再婚，后来又有了一个孩子，对他的关照就更少了。继父人不错，但是脾气比较暴躁，妈妈也希望继父可以管教小凡，可是一方面，孩子会对继父有一种天然的抗拒，另一方面，继父在教育方面也不是很有耐心，虽然是想教孩子道理，但是方式粗暴，还动手打过他，所以，小凡就不再和继父有任何沟通，更谈不上有感情了。

从小到大，姥姥、姥爷在小凡的教育问题上下了不少工夫，两个老人都是说服教育，从未动手打过他，在老人看来，小凡从小懂事、要强，小学阶段成绩优秀，和同学们关系融洽。升入初中后，学校的领导和老师也认为孩子活泼开朗、诚实聪明、关心集体，能和同学友好相处，笛子吹得不错，初一时虽然有些自由散漫，但成绩不错，总体情况良好。那时小凡是班里的副班长，对班里的事情也很负责和上心。班里的淘气男生很多，而小凡还是有一定的威信和能力的。有一回，一个男生和老师发生冲突，用椅子砸向老师，是小凡挺身上前制止，拿下了椅子，老师为此还表扬了他，说他懂得感恩。

2008年，姥爷被查出患了严重的肝病，2010年初去世。姥爷患病到去世之间的那段日子，家人对小凡的关注少了许多，而姥爷的离世，更是巨大的打击。在姥爷去世前的几个月，也就是2009年的10月左右，小凡出现了严重的抑郁情绪，并伴有躯体症状，低烧、头痛、嗜睡，甚至会突然昏倒，当时他已升入初二，那期间也发生了一件对他冲击很大的事情。有一天在班里，小凡发现自己的手机丢了，他情绪异常激动，在班里疯狂地反复寻找，老师当时说他有些不顾全大局。他很怀疑是一个男生拿了他的手机，但那个男生死不承认，后来他去了那个男生的家里，看到了手机，这件事令他异常委屈和愤怒，认为老师不公正，可姥姥让他“听老师的话，认倒霉算了”。当时小凡陷在抑郁中，抑郁情绪会使他放大所有的负面情绪，而在这件事中产生的强烈的负面情绪反过来又加重了他的抑郁，他哭着和妈妈说不想上学了，不想到学校去。2010年初，又经历了姥爷去世的巨大打击后，小凡变得不爱学习，成绩急速下降，抑郁状态加重，妈妈带他做过心理咨询，也和学校沟通，想申请休学一年，学校方面没有同意。之后，小凡继续无心学习，四处游逛，找原来的好朋友打游戏、打台球，虽然妈妈给他的零花钱不少，可还是不够他的开销，于是他和两个朋友预谋后，实施了开头所描述的一场“抢劫”，当场就被抓获。

分析解读

小凡的事无疑是让人心痛的、惋惜的，然而心痛惋惜之余，我们更需要来看看，这个孩子的内心世界究竟出现了怎样严重的偏差，才会导致如此偏差的行为。心理学认为，一个孩子成年后的健康人格来自于他早年期的心理体验，这个心理体验非常重要，精神分析中有一个重要的概念叫做“客体”，什么是客体，客体就是带给你各种心理体验的人或事物。其实，我们每个人都有客体，都需要客体，并且一生都会追寻好的客体。或者说，客体的好坏决定了一个人的心理体验和他的全部感受。举例来说，婴幼儿期的心理发展对之后的儿童期、青少年期、成人期乃至一生都至关重要，就是因为婴幼儿期我们每个人都在感受客体，通常婴幼儿的主要照料者是最初的客体体验，如果婴儿哭了有人抱，饿了、渴了有人喂，冷了有人暖，烦了有人哄，并且有人和他温柔的目光接触，肌肤接触，还有温柔的语调和话语和他不停地交流，那么他感受到的这个客体是足够好的，这个世界是足够安全的，他的心理体验也是足够好的，他有基本的安全感，他对世界是开放的、积极的，遇到挫折和不顺才可以有勇气去应对。当然，早期的体验如果有缺失（实际上，“完美的客体”是不存在的，都会有不同程度的创伤感和缺失），那么，后面也是有可能可以弥补和治疗的，人在任何阶段都是有可能冲破和改写那些不好的客体体验的，心理治疗也就是在做这样的事情。

很显然，小凡的重要客体是姥爷，因为在早年有姥姥、姥爷的关爱，即使父母离婚，父亲不再出现，但他的发展没有太大的偏差。姥爷不但是好的客体，也是他精神世界的一个偶像和支撑，而如此重要的一个客体忽然离去，对于小凡的精神世界来说，遭受的几乎是“灭顶之灾”，作为一个十几岁的孩子，他很难靠自己度过这个“精神难关”，同时出现了严重的抑郁情绪，这时，如果能有一个相对好的客体填补上来，对于小凡度过这一关是相当重要的，遗憾的是，这个替代客体没有出现。妈妈为什么没有能够担当这个较好的客体，因为，好客体之所以成为好客体，有个重要的前提是，她可以去关注孩子的内心感受，可以和孩子很好地共情，几岁和十几岁的孩子好的客体体验是：当我伤心、难过、愤怒、孤独的时候有人可以知道我的内心体验，有人愿意懂我，那么我的内心体验是被尊重的，是可以被感知到的，这也是一个孩子发展良好的自我不可缺少的东西。

从妈妈和小凡的关系来看，妈妈作为好客体的缺失还是很多的，因为婚姻的变故，孩子从小是被放给老人带的。当然，并不是说离婚一定会造成孩子心理上的严重问题，而是父母对孩子内心感受和想法的忽视和不尊重，以及孩子感觉不到有人真正爱他才会产生心理上的问题，这也是为什么很多父母双全，同时也是在父母身边长大的孩子依然会产生很严重的心理问题的原因。妈妈即使有再婚后新家庭的诸多事情，以及工作繁忙等情况，仍然不能成为不关注孩子内心需要和感受的理由，因为就算一周只有一次和孩子交流的时间，那么这次交流中，妈妈如果可以真正关注到孩子内在的需求，尽力知道孩子真正在想什么，孩子有什么困惑和不解，孩子需要什么等，那么，她也能慢慢走进孩子内心，去做一个够好的客体。然而，现实中，妈妈虽然给他较多的零用钱，也关心他的生活和情绪状态，但姥爷去世后，妈妈无法取代姥爷的位置，也无法真正从心理上帮助孩子渡过难关，妈妈做得还远远不够。正如妈妈万分懊悔地说道：“我对孩子的倾听和理解很不够，对他的压制太多，疏导太少，对他内心真正的理解也很少，我很后悔。”

当然，孩子的触法行为也有一些客观因素。小凡从小由老人抚养，相比起父母，老人不可避免会更溺爱一些，所以，小凡的人生观中有一个明显的倾向，就是很不愿服从规则，更多地以自我为中心。小凡也极度缺乏这个年龄的孩子应有的基本法律意识，他甚至不知道拿着刀去和司机要钱是犯法的事，是很严重的事，只是觉得很好玩，可以展示自己的力量。另外，青春期本身就是一个心理动荡期，这期间孩子更加敏感，更在意别人对自己的看法，情绪起伏大，遇事爱钻牛角尖，更需要足够的关怀和正确的引导，而小凡又在青春期这个最动荡的时期遭遇了一个非常重大的心理应激事件——一位最重要的亲人的离世，这也是孩子在这个时期出现犯法行为的重要因素。姥爷去世后，小凡说过：“我觉得自己什么都行，我可以自己管得了自己。”从孩子非常想“自己管得了自己”来看，孩子向上成长的动力还是足的，只是由于对社会、对人生的幼稚的想法和极度的法律意识缺乏，才使他用如此偏差的办法来显示自己的“强大”。

调查员寄语

小凡，你好，很想和你说几句心里话。姥爷的去世对你的影响很大，你也因此在一段时间内陷入抑郁。你在十几岁时经历了最亲的亲人离逝，这对你来说确实是很大的打击，但你也要学会去应对，学会把姥爷对你的爱留在心中，变成你往下走的勇气。可以看到，你很希望自己变强大，希望独立地面对一切，只是你用了一个极其错误的方法。

你再过几年即将成人，人生的路上，遭遇这样一件事，也算是跌了一个跟头。但人非圣贤，难免犯错，难得的是对待错误的态度，其实对于一个人来讲，承认自己犯了错，不向别人推卸责任，并且可以真正地从错误中吸取到教训，是难能可贵的。通过这件事，自己缺的东西要主动积极地补上，如法律、法规意识；自己性格中需要磨炼的要勇敢地去磨炼，如对环境的适应、对规则的适应以及对人际的适应。你们的行为触犯了法律，就要接受法律的处罚，你们应该认识到一点，那就是：你做了什么，就要承担相应的结果。这也是一个很重要的心理能力，是一个成熟的人必须具备的心理能力。

还有，人一生中难免经历生离死别，在遭遇了重大的事件后，情绪陷入抑郁而感觉无法自我调整时，可以主动或借助家人来寻求专业的心理帮助，帮助自己度过心理上的难关，让自己拥有一个良好的心态和良好的情绪状态。希望你能踏踏实实地走好后面的路。

心理贴士

抑郁情绪是人类情绪、情感中最常见的一种，美国一位心理学者做过统计，每个人一生中，遭遇抑郁情绪的次数平均是七次，所以，有些心理学者将抑郁情绪比喻成“心理上的感冒”。这里有个很重要的区分，就是抑郁情绪不等同于抑郁症。抑郁症是指抑郁情绪严重到一定程度，较长时间都得不到缓解，严重的情绪低落和消沉，影响个体的生活、工作，甚至无法进行正常的工作、学习以及社会交往，严重时有自杀倾向的一种较严重的心理障碍；而抑郁情绪是人类情绪中的一种，生活中一些重大的应激事件往往会引发抑郁情绪，如亲人离去、失恋、离婚、失业，甚至是搬迁到新的环境，升学后的适应等。通常，普通人在遭遇抑郁情绪后，两周左右的时间，或者一个月内均可有所缓解；如果长期抑郁，或抑郁反复发作，情况很严重的话，就有可能发展成为抑郁症。所以，需要自身有清楚的认识，对家人和朋友出现的抑郁情绪也需要关注。

虽然，看似是一些生活负性事件引发了抑郁情绪，然而，心理学研究发现，抑郁的根源往往是个体早期与父母的亲密关系建立不足，甚至是严重缺失有关。也就是说，如果一个人在幼年时缺乏被呵护、被关注的亲密关系。缺乏情感的支持，青春期或成年后会出现较严重的抑郁的几率就较大。而往往抑郁的人群有些共同的特质，比如聪明、敏感、偏脆弱、某方面悟性极高，所以，我们经常会看到很有天分的人发生严重的抑郁。同时，抑郁往往也伴随着很多不良的认知观念，比如，过分追求事物的完美，或不能接受自身的不完美，夸张一些灾难性体验，婚姻中对对方苛责和不满等。抑郁情绪会带给人强烈的痛苦感，即使在情绪缓解后，这些不良认知观念也会继续影响个体使其无法体会到生活的快乐。

本案中的小凡在青春期时，遭遇姥爷的离去，引发了抑郁情绪，这也显示出他幼年时与父母的亲密建立不足，当他认为最亲近的人离开他时，他内心体会到的是没有依靠、无助、被抛弃和孤独，以及由此引发的恐慌和不安全感。但也可以看到，小凡试图去摆脱这些不好的感觉，他很想显示自己的独立和强大，只是缺少支持和帮助，尤其是情感上的支持。帮助孩子走出抑郁，除了矫正头脑中不正确的认知观念，还要给予他足够的情感呵护，足够到可以弥补他幼年时的缺失，这点是最重要的。

爱我就请相信我

无论是孩子还是成人，被理解和被信任是精神世界中最基本的需要，而对于孩子来说，更是心灵健康发展的必备品。很多家长的价值观受社会文化的影响过于单一，仅从学习成绩一方面来衡量孩子，再加上对自己的言行没有很好的觉察力，教育孩子时长期存在言语伤害而不自知，而孩子也会因为不被最亲的人接纳和信任而产生低自尊和负性情绪的压抑。

案情回放

2012年10月的一个周六，朝阳区一个住宅小区的门口，走出一个干净利落的少年，他叫子铭（化名），刚进入一所职业学校读职高，今天没作业，他和两个初中时的好朋友约好一起出去玩，那两个同学高中后已经和他不是一所学校了，可是子铭觉得现在的学校里没有这么知心的朋友，所以，经常会在周末和他们相约出去玩。碰面后，子铭发现除了他的两个朋友，还有一个年龄比他们大一些的青年，以前一起玩时也见过。

几个人一起吃了点东西，还到电影院看了场电影。从影院出来后，四个人就在街上闲逛，时间还早，他们似乎都不想回家。这时，那个青年忽然说“我们去搞一辆摩托车吧，这样我们就有摩托车开了，我听我朋友说，他们都是这样把车搞来的。”“我的一个哥们弄车锁有一手绝活，我和他学了几招，咱们找辆车，你们在旁边给我看着吧。”子铭听后，心里有些打鼓，觉得这样不太好，他看了看另两个朋友，他们觉得很新奇，很刺激，想跟着去。子铭想想，自己是不会去做这种事的，只是跟着他们罢了，都是朋友，这个时候走了，人家以后可能不会和自己玩了。再说，如果回家……哎，实在不愿和妈妈待在一起，还不如在这里和朋友混着呢。而且，总听那个朋友说谁谁“搞”了辆车，也没听说谁被抓起来。想到这儿，他就决定跟着一起去了。

他们几个人拐进一个院门，院里没人，挺安静的，那青年选中一辆八成新的摩托车，蹲在那里，没一会儿工夫就把车锁撬开了，然后推着车离开了院子。那青年又和他们说：“这车我也没地儿放，咱们推到你们原来的中学的车棚去放着吧。”于是那青年推着车，子铭和两个朋友在后面跟着往他们初中时的学校走去。他们不知道，院里和街上都有监控录像，已经把他们的行径记录了下来。车主报案后，警察通过录像很快找到了他们，子铭和两个朋友也因涉嫌盗窃，被东城公安分局羁押。

成长经历

我们见到子铭时，他已经取保候审在家里待了一段时间。初见他，觉得他是一个清秀俊气的少年，只是，他虽然很有礼貌，但看上去仿佛没有精神，总是低着头，眼神从不和我们对视。子铭的妈妈是一位干净利落的女人，透着温雅的气质，她在医院工作，是一名营养医师。爸爸和朋友合伙做生意，近几年家境还不错。从出生起子铭就住在姥姥、姥爷家，那时爸爸工作很忙，妈妈总上夜班，所以，子铭主要由姥姥、姥爷照顾，爸爸、妈妈的房子就在姥姥家附近，有时妈妈也会带子铭回自己家里住。姥姥、姥爷很疼子铭，而子铭也觉得和两位老人的感情很深，甚至超过他的父母。

在妈妈的眼中，子铭是个很善良、很乖的孩子，懂得同情别人，小时候在大街上看到乞讨的人，还会和妈妈要点零钱给他们。上小学后，子铭的学习由姥姥管理，成绩还可以。初中后，学习主要由妈妈负责。妈妈认为，自己对孩子的学习管得还是挺严格的，除了老师留的作业，妈妈也会给子铭留作业，写不完就不许睡觉，但成绩还是开始下降，初三毕业时，差了几分没考上高中的体育特长生，于是进了一所职业学校。妈妈对子铭的成绩越来越失望，认为进入职高也是不得已的事情。这次出事，妈妈更是伤心绝望了好一阵子，现在已经给子铭联系了另一个职业学校，希望子铭拿到文凭后找份力所能及的工作，用妈妈的话说："我已经让你成不了才了，但总要让你成个人吧！"

子铭觉得，这个世界上只有姥姥、姥爷最理解自己，小时候他只有在姥姥这里可以听到一些夸奖，爸爸、妈妈从没夸过他什么，尤其是妈妈。子铭告诉我们，其实他心里很清楚，妈妈是爱自己的，可是，从小到大，无论发生什么事，妈妈都不相信他，不管是谁的错，妈妈都会说是他的错。在幼儿园的时候，有一次，老师给每个小朋友发了个小玩具，让他们带回家，可当妈妈看到那个玩具时，就问他为什么要偷拿幼儿园的玩具带回家，小子铭一听就急哭了，边哭边说不是自己偷拿的，可妈妈根本不信，她一边给子铭讲了一大堆不能拿东西的道理，一边狠狠地训斥了他。子铭只记得，那时的自己哭得昏天暗地，上气不接下气。

刚上初中时，有一次，在学校里，子铭和一个男生发生口角，那个男生一脚把他踹倒在地上，子铭爬起来还手和他打了起来，回家后，任凭子铭怎么说，妈妈也不相信是别人先打他的，只是告诉子铭，和别人打架就是他的不对。初中后，妈妈开始管理子铭的学习，初一时，子铭的英语成绩很不好，总考二三十分、三四十分，到了初二的时候，他开始努力学习英语，不到一学期，成绩就上升到八九十分，期末考试英语考了九十多分，老师不相信，认为他一定是作弊抄的，把妈妈请到学校。回家后，子铭希望妈妈相信是自己的努力才考好的，然而，妈妈一如既往地不信他。初中时，子铭喜欢打篮球，有一阵他的膝盖不知为何总是疼痛，而且越来越严重，他多次和妈妈说，膝盖很疼，可妈妈好像不太觉得像他说的那么疼，也不在意，直到有一天，膝盖疼得实在走不了路了，妈妈带他到医院去看，医生说是严重的膝盖积水，都已经积了不少了，应该早来看，妈妈一听也很心疼。说到这时，能看到子铭脸上落寞的神情。

让子铭最记忆深刻的一件事，发生在初三快毕业时。一天下午，班主任老师进教室时，班里有些吵，老师点了几个说话的同学的名字，也点了子铭，子铭申辩说他并没有说话，老师不信，也训了他几句，子铭很不满，嘴里一直在嘟囔自己没有说话，不知怎么激怒了老师，老师走过来抽了子铭两个耳光，还把水杯摔在他脸上，子铭更加愤怒。后来老师通知家长，妈妈来到学校，老师要求子铭道歉，子铭拒绝道歉。回到家里，爸爸继续训他，问他为什么不和老师道歉，子铭觉得十分委屈，也不肯认错，爸爸拿起遥控板摔到他脸上，他抬手挡了一下，爸爸以为他还手，暴怒，又拿一根木棍打在他胯骨上，子铭倒在地上疼痛万分，妈妈觉得不对，赶紧把他送到医院，医生诊断为胯骨骨裂。后来爸爸也来到医院，抱着他的头哭了，说以后再也不打他了。

在子铭心里，姥姥和妈妈不一样，姥姥会听他说，也相信他，不会冤枉他。可是最爱的姥姥在他初一时突发心脏病去世，子铭赶到医院时，姥姥已经走了。子铭无法接受这巨大的悲痛，他用脚使劲踹着医院的墙，哭喊着："我姥姥还热着呢，我姥姥没死。"几个月后，姥爷也去世了，还没从姥姥离世的悲痛中走出来的子铭又一次经历了生离死别。从那以后，妈妈感觉子铭变得很不听话，也不愿和自己多说什么。上职高后，就更明显了，母子的交流都成问题，子铭总出去和朋友玩，回来和妈妈说得很少，直到发生了这次的事情，妈妈十分震惊，家里经济条件不错，她不明白孩子怎么会跟着去做这样的事情。

分析解读

在和子铭的访谈中，我几次感到揪心，整个访谈后，我仍觉得心情很沉重。我能感觉到子铭从小到大，从不被妈妈相信的那份无奈和压抑，我也明白了为何在这个俊秀的男孩身上找不到阳光和活力。

我们也毫不怀疑地相信，子铭妈妈是爱自己的孩子的，只是在她的心目中，“爱”就是严格要求，“爱”就是不迁就，而更不幸的是，妈妈也混淆了一些概念，“严格要求”不代表从不听孩子的诉求，也不代表不管怎样凡事都是孩子的错，更不代表不能赞美和认同孩子。

当我们让子铭给我们讲讲幼时的事情时，他先是感觉想不出来，然后沉默片刻，想到了幼儿园时的那件事情。从发展心理学来说，两岁之前的孩子是没有人我边界的，也不懂东西是归属谁的，只要喜欢，他们就会把它死死抓在手里，“据为己有”，所以我们经常会看到这个年龄段的孩子为了一个玩具打得不可开交。而四五岁的孩子渐渐知道了有些东西是自己的，有些不是自己的。但四五岁的孩子即使拿了幼儿园的东西，也不能被定义为“偷”，因为这个年龄段的孩子还没有那么成人化的道德观念，也许他只是很喜欢它，所以，需要家长耐心些，告诉他东西不是自己的，不能擅自拿回，然后鼓励他自己送回去，但是用“偷”这样的字眼来定义他，孩子会在心里产生“不好”的感觉，如果再遭到严厉的训斥，孩子更会产生强烈的羞耻感。而对于子铭来说，他并没有擅自拿玩具，可妈妈是如此的不信任他，并且狠狠地训斥他“偷东西”，这会让他感觉到莫大的委屈和无助。

随着年龄的增长，子铭的感觉也越发强烈，用他的话说：“妈妈从来从来不相信我说的话，无论我和别人发生什么事，都是我的错。”我们还清晰地记着子铭说这些话时无奈又心酸的样子。子铭的妈妈来自军人家庭，从小也受到了严格、刻板的要求。所以，在她的感觉中，对自己的孩子一定要严格要求，但是严格要求孩子绝对不是错怪孩子，更不是不去听孩子在说什么。当子铭和同学打架感觉很委屈、很愤怒的时候，当子铭通过自己的努力考回好成绩的时候，当子铭感觉膝盖疼痛一次次告诉妈妈的时候，总是得不到妈妈的回应。

在我们身边有很多像子铭妈妈这样的母亲，她们会说自己很爱孩子，可是她们却不能够信任自己的孩子。当然，形成这样的想法也有一些客观的原因，当孩子很幼小时，会幻想一些场景，不会区分自己的想象和现实，所以，幼小的孩子的话无法去考证真实性。即使长大了，孩子的描述会有一些真实性，但更多的是孩子从自己的角度出发“解读”出来的，客观性依然不足，所以，在法律上，也有不采信未成年人证词的规定。有了这些客观因素，就更需要家长随着孩子的成长，不断转变理解孩子的方法，幼小的孩子说的话不足信，但他需要你在听。大一些的孩子可以如实地描述事情了，但他更需要你知道他此时此刻的感受，随着长大和与别人交往，他会有各种好的和不好的体验，除了开心和愉悦，也会体验到伤心、委屈、愤怒、挫败、背叛等，好的体验需要和人分享，而坏的心情也需要有亲近的人听到。所以，在孩子渐渐长大后，尤其是遇到不好的事情时，妈妈们首先要听到孩子的情绪是怎样的，在安抚了他们的情绪后，再告诉他们应该遵守的社会规则和人际技巧。

那些总不愿相信自己孩子是“足够好”的妈妈们，也是有一定的心理机制的。有的妈妈看到很幼小的孩子“偷”拿了别人的一支笔，就会想到如果不管，今后孩子会因盗窃进监狱；看到孩子和人打架，就想到如果不管，孩子今后会持刀杀人，这在认知心理学上叫做“糟糕至极”的认知错误，它可能来源于父母太恐惧孩子会变坏的恐惧感，而忽略了人性中天然向善的一面。孩子最能读懂家长的潜意识，这样的做法传递给孩子的是：我不相信你是好的，如果不对你严格一些，你一定会变坏的！而很具有戏剧性的是，如果父母总是带着这样的想法去“教育”孩子，往往孩子就真的会出现不好的行为。

也是由于自小就总是不被信任，所以，子铭最不能容忍的就是被冤枉和被委屈。初三那次子铭被老师冤枉，才会有那么大的委屈和愤怒，才会和老师发生冲突并且拒不道歉，直到后来被爸爸打导致胯骨骨裂。在那次事件中，可以看到，老师和家长，没有一个人愿意站在子铭的角度去体会他的感受，老师认定子铭在顶撞自己，却不去想为何孩子有那么大的情绪反应，而家长认定子铭不和老师道歉是不肯认识到错误，依然没有去想孩子为什么会这样。只是认定子铭这样做就是坏孩子，就一定得狠狠地“教育”，这也是老师和家长的可怕的“自恋”在作祟。

妈妈对子铭的不信任，也导致了子铭越来越不愿和妈妈说心里话，而内心的孤独需要排解，所以，子铭更愿意和好友们待在一起。这次违法行为中，表面看是因为子铭没有深刻的法制观念，没有制止朋友的违法行为，也没有离开他们，而内在的动因却是子铭更加渴望和伙伴团体的融合，因为，这里有他最缺少的理解和认同，他不愿意回到那个爱他却让他内心很孤独的“家”里去。

调查员寄语

子铭，你好！见到你时，你是一个外表干净利落、带着些帅气的大男孩，只是神情是那么落寞，那么压抑和无助。听着你的讲述，看着你讲述时抑制不住的抽噎和哭泣，我感到万分地心疼。我想告诉你的是，那次在学校和老师发生冲突的事，不能怪你，事后爸爸、妈妈对那件事情的处理方式也是错误的，你受了很多委屈。如果你允许，我愿意代表他们向你道歉。

我知道你很渴望被理解，这是没有错的。你马上就要到了成人的年纪，你需要慢慢懂得，如果想得到别人的尊重和理解，就要先学会尊重和理解别人。你也许一直非常不理解妈妈为何总是不相信你。那么，你是否可以尝试换位思考，去理解妈妈的做法呢？在她的成长经历中，她"学到"的"爱"就是苛责、严厉，在她的原生家庭中，她没有机会学到如何去理解别人的感受，不是不给予你爱的理解，而是不知道如何给予，或者给予的方式就是错的，但这就是你的妈妈啊，她不完美，但却一直无私的爱着你，用她自己的方式，尽管这方式曾给你带来很多伤害，她也需要你的理解。当你能够明白这一切时，你就在成长的路上迈了一大步。

在检察院的训诫会结束时，你跑过来，满心欢喜地给我看你刚拿到的驾驶证，说你打算先去工作，你的声音里多了几分活力，我很欣慰。我能看到，你只要感受到了被理解，就会打开你的心扉，让活力回到你的身上。也祝你在今后的路上，勇敢地做自己，尊重自己内心的体验和感受，逐渐愈合内心的创伤。

心理贴士

一位心理学者曾说过，每个人的内心都是孤独的，每个孤独的内心就像是在一个个在黑暗的牢房里坐牢的囚徒，而理解——就是这个囚徒听到了隔壁牢房里传来的敲墙的声音。这个形象的隐喻展示了被理解对每个人心理的重要性。对于孩子来说，有人能够听懂他的心声，能够有人知道他此刻的感觉和诉求，甚至只要有人愿意来听，都会让他感觉幸福。然而，遗憾的是，不是每个孩子都能有这样的幸福，因为不是每个父母都会懂得倾听和理解。

我们的文化里也有一些很奇怪的逻辑，有时认为贬低自己的孩子是谦逊的表现，认为不能随便表扬孩子，那样孩子就会骄傲自满。在电影《刮痧》中，那位中国父亲在自己的孩子和美国的孩子发生冲突时，当众打了自己儿子一个耳光，他认为必须这样做，才能给足美国上司面子，而美国上司却震惊于这位中国父亲的教育孩子的方式，他认为只是两个孩子之间的冲突而已，这种事情在孩子身上常有，不必大动干戈，这是多么不同的文化啊！

其实，无论是孩子还是成人，被理解和被信任是精神世界中最基本的需要，而对于孩子来说，更是心灵健康发展的必备品。作为父母，如果不能信任自己的孩子，那就要先审视一下自身，看看你是否信任自己，在工作中你是否信任同事、信任下属，因为，信任别人的能力源于对自己的信任，不信任自己就无法信任这个世界。